Johannes C. Bockenheimer

Chuzpe, Anarchie und koschere Muslime

Meine Versuche, Israel zu verstehen

Pantheon

MIX
Papier aus verantwortungsvollen Quellen
FSC® C083411

Verlagsgruppe Random House FSC® N001967
Das für dieses Buch verwendete FSC®-zertifizierte Papier
Lux Cream liefert Stora Enso, Finnland.

Der Pantheon Verlag ist ein Unternehmen der
Verlagsgruppe Random House GmbH.

Erste Auflage
Oktober 2015

Umschlaggestaltung: Büro Jorge Schmidt, München
Umschlagabbildung: © Peter Rigaud/laif
Satz: Ditta Ahmadi, Berlin
Druck und Bindung: CPI books GmbH, Leck
Printed in Germany
ISBN 978-3-570-55276-6

www.pantheon-verlag.de

Für meine Neffen Jonathan und Itamar, denen ich eigentlich ein Buch über das Leben der Dinosaurier versprochen hatte. Weil sich mein Wissen über Ceratosaurus, Pentaceratops oder den Tyrannosaurus Rex bereits nach dem ersten Absatz als unzureichend herausstellte, muss diese Widmung zugleich auch als Entschuldigung dienen.

Inhalt

1. Was Theodor Herzl dem Tyrannosaurus Rex vorausahatte 9

2. Warum Amos Oz über rote Ampeln läuft 17

3. Warum Sayed Kashua beim Abheben des Flugzeugs zum Muslim wird – und bei der Landung zum Israeli 39

4. Wie mich Yuval Steinitz einmal beinahe verhungern ließ 65

5. Warum Ester Levanon sauer auf Mose ist 87

6. Warum Jonathan Agassi den Sex mit Arabern schätzt 113

7. Warum Dani Dayan an einem Ort lebt, an dem er nicht leben will 131

8. Wie Rabbi Hirsch einmal einer Zionistin auf den Leim ging 151

9. Warum Anat Hoffman gegen Monopole kämpft 171

10. Warum Theodor Herzl gescheitert ist 193

1.
Was Theodor Herzl dem Tyrannosaurus Rex voraushatte

Im Anfang war das Wort, so heißt es in der Bibel. Doch auch wenn Apostel Johannes damit zweifelsohne ein hübscher Satz gelungen ist, krankt er doch an einer Schwäche: Mit der Realität hat er nichts zu tun. Denn wie mittlerweile bekannt ist, war es nicht ein Wort, sondern eine mächtige Explosion, der Urknall, der die Dinge ins Rollen brachte. Mit ihm entstanden Zeit, Raum und Materie; dann breiteten sich Sterne im Universum aus, Planeten folgten. Auf einem dieser Planeten – unserem – bildete sich eine Atmosphäre, die Leben zuließ. Erst erblickten Einzeller das Licht der Welt, dann ließen sich Mehrzeller blicken, und schließlich, viele Millionen Jahre später, bevölkerten komplexe Organismen wie der Dinosaurier die Erde. Viel Zeit war den Reptilien freilich nicht vergönnt, denn so plötzlich, wie sie aufgetaucht waren, verschwanden sie auch wieder und machten Platz für eine neue Spezies – den Menschen. Erst mit ihm, gut dreizehneinhalb Milliarden Jahre waren seit dem Urknall vergangen, fiel dann tatsächlich das erste Wort.

Apostel Johannes mag mit seiner Theorie von der Geschichte des Universums einem Irrtum aufgesessen sein, was jedoch die Menschheitsgeschichte angeht, lag Jesus' Lieblingsjünger goldrichtig. Denn mit unseren Worten können wir Menschen nicht nur über das Wetter plaudern oder unseren Artgenossen den kürzesten Weg zum nächsten Supermarkt beschreiben. Mit unseren Worten können wir auch über Dinge sprechen, die es eigentlich gar nicht gibt. »Jede großangelegte menschliche Unternehmung – angefangen von einem archaischen Stamm über eine antike Stadt bis zu einer mittelalterlichen Kirche oder einem modernen Staat – ist fest in gemeinsamen Geschichten verwurzelt, die nur in den Köpfen der Menschen existieren.« Das schrieb der israelische Historiker Yuval Harari in seinem Buch *Eine kurze Geschichte der Menschheit* und machte damit gleichzeitig deutlich, was der Homo sapiens dem Dinosaurier und anderen Lebewesen voraushat: die Fähigkeit, aus fiktiven Geschichten reale Welten zu schaffen. So gesehen hatte Apostel Johannes dann doch recht, als er schrieb: »Alles ist durch das Wort geworden und ohne das Wort wurde nichts, was geworden ist.«

Und wenn es auf dieser Welt ein Völkchen gibt, das weiß, wie mächtig Worte sein können, dann sind es die Juden. Mit der Torah haben sie in den vergangenen Jahrtausenden unsere Künste, unsere Wissenschaften und unsere Gesellschaften tiefer geprägt als jeder Geschichtenerzähler vor oder nach ihnen. Die Juden und ihre Worte sind dabei so unzertrennlich geworden, dass man, wenn man heute von den Juden spricht, auch vom *Am HaSefer*, vom Volk des Buches spricht.

Doch wo Licht ist, fällt auch Schatten: Mit der Bibel gelang dem Nomadenstamm von der arabischen Halbinsel zwar ein beispielloser Bestseller. Gleichzeitig aber plagen die Israeliten seit viertausend Jahren Probleme mit Trittbrettfahrern und Kopisten. Wer heute etwa auf den Berg Sinai steigt, läuft am Bergfuß an einem christlich-orthodoxen Kloster vorbei – und stolpert an der Bergspitze über eine sunnitische Moschee. So hatte sich Mose die Zukunft sicherlich nicht vorgestellt. Damals, als er vor Ort mit Meißel und Steinplatte zugange war. Das Volk des Buches mag die Geschichte von Mose und dem einen Gott erfunden haben. Weitergeschrieben wird sie mittlerweile auch von anderen.

Das Volk der drei Bücher

Wenn aber die Juden das *Am HaSefer* sind, dann müssten die Israelis als das *Am schloched HaSeferim* in die Geschichte eingehen – als das Volk der drei Bücher. Denn mindestens genauso wichtig wie die Torah waren für die Gründung des Staates Israel die Werke eines österreichischen Journalisten, die ab dem späten 19. Jahrhundert unter Europas Juden für Furore sorgten – und ihren Autor beinahe in den Wahnsinn trieben. »Ich arbeite seit einiger Zeit an einem Werk, das von unendlicher Größe ist«, schrieb Theodor Herzl 1895 in sein Tagebuch, »seit Tagen und Wochen füllt es mich aus bis in die Bewusstlosigkeit hinein.«

Der Grund für seine Ohnmachtsanfälle war die Arbeit am Manuskript seines Buches *Der Judenstaat*. Herzl skizzierte darin die Gründung eines Landes, das den Juden zur Heimat werden sollte. Wenige Jahre später ließ er seinem Erstlingswerk die utopische Novelle *Altneuland* folgen, in der er den ersten Entwurf aus dem *Judenstaat* noch detaillierter ausarbeitete. Letztendlich gelang Herzl mit seinen Schriften etwas, was nur wenige Autoren von sich behaupten können: Er brach eine Revolution los – die zionistische Revolution.

Ausgerechnet Herzl. Denn von allen Revolutionären war der Österreicher wohl der schillerndste: ein Frauenschwarm und Muttersohn, ein eitler Dandy und gescheiterter Poet, ein jüdischer Jules Verne und zugleich weltlicher Prophet. 1860 in Budapest als Sohn deutschsprachiger Juden geboren, war es für Herzl dabei ein langer Weg bis zur Prophetie. Die Synagoge, nur einen Steinwurf von seinem Geburtshaus entfernt, besuchte er allenfalls an den hohen Feiertagen, und auch als es seine Familie später nach Wien zog, verbrachte er seine Tage lieber mit Fechtduellen in einer deutschnationalen Burschenschaft als mit Tallit, Torah und der jüdischen Tradition.

Obwohl Herzl mit *Der Judenstaat* und *Altneuland* weder literarisch noch politisch ein Meisterwerk gelang, nahmen ihn seine Leser beim Wort – vier Jahrzehnte nach seinem Tod feierte der Staat Israel seinen Unabhängigkeitstag. Dabei lesen sich die Schriften über weite Strecken wie eine jüdische Variante von *Robinson Crusoe*, in dem der Irrfahrer nicht auf einer einsamen Insel, sondern mit Kippa und Chanukka-Dreidel im Koffer im Nahen Osten strandet.

Beseelt vom Fortschrittsglauben seines Zeitalters, skizzierte Herzl in den Büchern einen Judenstaat, in dem sich die Menschen von elektrischen Bahnen unterirdisch durch die Städte chauffieren lassen und in dem der Strom in verzweigten Rohranlagen durch Wasserkraft produziert wird. Die zähe politische Debatte, die Religionen – aber auch den Antisemitismus – hätte Herzl hingegen am liebsten dort zurückgelassen, wo sie in den vergangenen Jahrhunderten Schaden angerichtet hatten: im alten Europa.

Herzl schrieb naiv wie ein Schuljunge und wurde doch zur Inspiration für Millionen. Nicht nur ließen seine Leser den Judenstaat vom Buch zur Realität werden, in

Haifa fährt seit den fünfziger Jahren zudem die »Karmelit«, mit eins Komma acht Kilometer Streckenlänge die kleinste U-Bahn der Welt. Mehr noch, die Namen gleich zweier Städte erinnern heute an den Verstorbenen. Herzlia ist die eine davon, Tel Aviv die andere. Wer einen Israeli nach dem Weg nach Tel Aviv fragt, der fragt ihn nach dem Weg zum »Frühlingshügel«. Diesen Namen trug die hebräische Übersetzung des Romans *Altneuland*. Dass man ihm einmal solche Denkmäler setzen würde, das hätte wohl nicht mal der eitle Herzl zu hoffen gewagt, als er über seinen Manuskripten brütete.

Doch was ist das für eine Nation, die den Roman eines österreichischen Journalisten zum Bauplan ihres Staates gemacht hat? Was ist das für ein Land, dem Worte, Geschichten und Schriftsteller so sehr ans Herz gewachsen sind, dass ganze Städte nach ihnen benannt werden? Wer die israelische Seele ergründen will, so viel steht fest, der sollte zuallererst mit den Autoren des Landes sprechen.

2.
Warum Amos Oz über rote Ampeln läuft

Deutsche Gene

Ich bin mit Amos Oz verabredet. Städte wurden nach ihm zwar keine benannt, dafür wird seit Jahren gemunkelt, dass er der erste in Israel geborene Schriftsteller sein könnte, dem der Literatur-Nobelpreis verliehen wird. Eine erstaunliche Karriere für jemanden, der mit sechzehn Jahren aus Rebellion gegen das intellektuelle Elternhaus in den Kibbuz zog, um dort fortan Traktor zu fahren und Felder zu bestellen. Sein Vater sprach zehn Sprachen, schrieb Gedichte und verdiente sein Geld als Bibliothekar. Seine Mutter hatte Philosophie studiert, sprach vier Sprachen fließend und las Bücher in drei weiteren. Er aber sei damals ein glühender Zionist gewesen. Und ein Schwätzer, der nicht länger nur Maulheld sein, sondern sein Leben ganz dem Herzl'schen Traum von der Besiedlung des Landes widmen wollte.

Oz' rebellischer Plan ging auf, zwei Jahre dauerte es, bis sein Vater nach seinem Auszug wieder ein Wort mit ihm sprach. In der Zwischenzeit war aus dem schmächtigen Jugendlichen ein junger Mann geworden, der über Schweißarbeit nicht nur gelesen, sondern sie auch verrichtet hatte. Doch mit jedem Jahr, das er länger im Kibbuz lebte, verringerte sich die Zeit, die er auf dem Feld verbrachte. Wie es Menschen so oft passiert, wenn sie älter werden, holte auch Oz das eigene Milieu wieder ein. Aus dem Kibbuznik wurde ein Intellektueller. Er wurde zum Schriftsteller, der für seine Fiktion zwar geliebt, für seine politischen Wortmeldungen aber kritisch beäugt wird. Von allen Seiten. Israels Rechte wirft ihm bis heute Verrat vor, weil er einer der Ersten war, der sich für eine Zweistaatenlösung mit den Palästinensern aussprach. Den israelischen Linken wiederum ist er nicht geheuer, weil er ihnen immer wieder den Spiegel vorgehalten, ihnen ihre Widersprüche und ihre Selbstgefälligkeit aufgezeigt hat.

In der politischen Landschaft Israels sitzt Amos Oz zwischen allen Stühlen – und mir sitzt er heute Abend auf dem Sofa gegenüber. Die Wand hinter ihm scheint aus Büchern gebaut, dicht an dicht drängen sie sich in den Regalen. Einzig ein Aquarium unterbricht die Anhäufung zahlloser Buchrücken und gibt den Blick frei auf die Wand, von der sich an manchen Stellen schon der Putz löst. Wegen israelischer Wände bin ich aber nicht gekommen, ich will durch sie hindurchsehen und einen Blick auf das werfen, was sich hinter ihnen abspielt. Doch wie bringe ich einen der größten Denker dieses Landes dazu, mir Interna auszuplaudern? Ich versuche es mit einem Plausch über die Straßenverkehrsordnung.

Es gebe ein deutsches Gen in mir, erzähle ich ihm, das es mir unmöglich mache, Ampeln bei Rot zu überqueren. Bei meinen israelischen Freunden hat mir das Spott und Häme eingebracht. Denn selbst in dunkler Nacht, wenn Autos, Busse und Menschen längst schlummern, fürchte ich mich davor, dieses Gesetz zu brechen. Man muss Vorbild für die Kinder sein, immer und überall, so hat man es mir in Deutschland eingebläut. Oz lacht, seine israelischen Gene zwängen ihn regelmäßig zum genauen Gegenteil. »Im Judentum gibt es eine lange Tradition der Anarchie, da kann man nicht auf jede einzelne rote Ampel Rücksicht nehmen.« Aber, ach – das denke ich mir im

Stillen –, wären es nur die roten Ampeln! Ich saß in diesem Land in einem Bus, der auf der Autobahn den Rückwärtsgang einlegte. Und ich fuhr im dichten Berufsverkehr mit einem Taxi, das für ein Überholmanöver die Parkbucht einer Bushaltestelle nutzte.

»Regeln, Gesetze und Vorschriften haben in Israel den Rang einer Handlungsempfehlung. Sie gelten immer nur so lange, bis jemand eine bessere Idee hat«, sagt Oz ungerührt. Und das sei eigentlich immer der Fall. Diese Missachtung für Vorschriften beginnt bei der Straßenverkehrsordnung, sie endet aber nicht dort. Sie setzt sich fort in der Politik, in der Wirtschaft, in der Religion, kurz: in allen Fragen, mit denen sich Menschen herumschlagen müssen. »Der Respekt vor Autoritäten ist ein hübsches Konzept der übrigen Welt, für uns Israelis ist das aber nichts.« Oz kneift die Augen zusammen, während er das sagt. So als sei schon das Aussprechen des Wortes »Autorität« etwas furchtbar Unanständiges. »Es ist egal, ob es sich um den Premierminister, den Rabbi oder die Eltern handelt, im Land der Propheten ist jeder sein eigener Prophet, jeder weiß es besser. Wir Israelis streiten miteinander, wir streiten mit uns selbst, und wenn mal Gott mit einer schlechten Idee um die Ecke kommt, dann streiten wir auch mit ihm.«

Dass man sich im Staat der Juden mit Gott persönlich zankt, ist dabei nicht etwa Zeichen einer fortschreitenden Säkularisierung, sondern altbewährte Tradition. Der jüdische Stammvater Abraham war vor viertausend Jahren der Erste, der seinen Schöpfer wissen ließ: Einspruch, Euer Ehren! Den entsprechenden Nachweis in Form einer Torah-Anekdote hat der bekennende Atheist Oz erstaunlich schnell bei der Hand: Als Gott die Bewohner der

Städte Sodom und Gomorra für ihr lasterhaftes Treiben mit der Zerstörung ihrer Städte bestrafen wollte, nahm er sich Abraham zur Seite, um ihn über seine Pläne in Kenntnis zu setzen. Noch während Oz den biblischen Schwank zu Ende erzählen kann, dämmert es mir: einen Juden nach seiner Meinung fragen? Ein lausiger Anfängerfehler.Denn natürlich kam es so, wie es kommen musste. Abraham hielt wenig von den göttlichen Bestrafungsplänen und begann stattdessen mit seinem Schöpfer zu feilschen – »genau so«, sagt Oz, »wie es die Händler mit ihren Kunden auf dem Schuk Mahane Jehuda tun«, Jerusalems großem Markt.

Sein Gegenvorschlag war, dass Gott die Städte verschonen solle, für den Fall, dass Abraham fünfzig anständige und gottesfürchtige Männer auftreiben könne. Gott ließ sich auf den Deal ein, und Abraham hätte nun losziehen und sich auf die Suche nach den anständigen Männern machen können. Das tat er aber nicht. Stattdessen feilschte er munter weiter. Abraham handelte den Schöpfer erst auf fünfundvierzig Männer herunter, dann auf vierzig, dann auf dreißig, auf zwanzig und schließlich auf zehn. Abraham gewann allerdings nur die Schlacht, dann musste er sich geschlagen geben. Denn im Las Vegas der Bronzezeit waren anständige Männer so rar gesät wie Bananen in der DDR. Chuzpe bringt einen mitunter weit, aber nicht immer weit genug.

Wenn Abraham in Sodom und Gomorra auch nur einen Etappensieg verbuchen konnte, sein Aufbegehren gegen den Schöpfer hat die jüdische Zivilisation auf zwei Weisen tief geprägt. Einerseits müssen sich bis heute mindestens zehn Männer finden, bevor ein jüdischer Gottesdienst beginnen kann. Andererseits, und das ist die weitaus wichtigere Lektion aus dem Debakel von Sodom und Gomorra, gibt es nichts in dieser Welt, was sakrosankt, was unantastbar wäre. Dieser Tradition des Widerspruchs ist man in Israel treu geblieben. Das gilt nicht nur am Schabbat oder an den hohen Feiertagen, es gilt vierundzwanzig Stunden am Tag, sieben Tage die Woche, in guten wie in schlechten Zeiten.

Tolstoi im Schützengraben

Eine überaus schlechte Zeit für die Pflege dieser Tradition dürfte der Juniabend im Jahr 1967 gewesen sein, bevor der Sechstagekrieg ausbrach. Oz war Reservist in einer Panzereinheit und wartete nahe der ägyptischen Grenze auf den Marschbefehl. Hätte sich Dwight D. Eisenhower am Vorabend des D-Days auf Diskussionen eingelassen? Hätte Arthur Wellesley, besser bekannt als General Wellington, kurz vor der Schlacht von Waterloo noch alle seine hundertzwanzigtausend Soldaten um ein Meinungsbild gebeten? Eher nicht, denke ich. Doch ich denke falsch, denn ich denke an Europa. In Israel laufen die Dinge anders: »Der General unserer Brigade, Israel Tal, erklärte unserem Zug am Vorabend seine taktischen Pläne für die anstehende Operation.« Er kam nicht weit, nach wenigen Sätzen wurde der hochdekorierte Militär von einem Zwischenruf aus den hinteren Reihen unterbrochen: »Entschuldigen Sie, Herr General, Sie sind im Begriff, einen schweren konzeptionellen Fehler zu begehen!«

Der Einspruch kam von einem Unteroffizier der Reserve, der, so erinnert sich Oz, »leicht dicklich und keine vierzig Jahre alt« war, nach militärischen Maßstäben ein

Dreikäsehoch also. In jeder anderen Armee auf Mutter Erde hätte man den Mann für seinen aufmüpfigen Zwischenruf zum Strafdienst in der Brigade-Toilette verdonnert. Nicht so bei den israelischen Streitkräften. Dieser Mann war mit der Strategie seines Generals ganz und gar nicht einverstanden, und niemand nahm Anstoß daran, dass er seinen Widerspruch auch lautstark kundtat. In einem Land, in dem nicht mal das Wort Gottes heilig ist, sind es die Worte eines Generals erst recht nicht. Was folgte, war aber nicht etwa eine taktische Manöverkritik, in der über Geschützstellungen und die richtige Position von Panzerverbänden gefachsimpelt wurde. Nein, was folgte, war ein Ausflug in die Weltliteratur, den man im Literaturseminar der Universität von Tel Aviv erwartet hätte, nicht aber im Schützengraben der israelischen Südfront. »Der Unteroffizier fragte den General, ob er von Tolstoi *Krieg und Frieden* gelesen habe.« Der Gesichtsausdruck des Generals muss sich in diesen Sekunden irgendwo zwischen Verwunderung und Ahnungslosigkeit bewegt haben. Tolstoi? *Krieg und Frieden*? Worauf will dieser Mann hinaus?

Spannung im Wohnzimmer der Familie Oz. Im Aquarium blubbert die Luftpumpe. Oz weiß, wie man das Publikum fesselt. Er schweigt, schmunzelt und lässt mich zappeln. Ich tue ihm den Gefallen und hake nach. Wie war die Antwort des Generals, hatte er das Buch gelesen? »Selbstverständlich, nach eigener Aussage sogar mehrfach«, rekapituliert er. Denn General Tal war nicht nur ein verdienter Veteran, er war auch ein belesener Bürger, wie er an diesem Abend stolz seine Soldaten wissen ließ. Bevor er sein Leben der Armee widmete, hatte er ein Diplom in Philosophie von der Hebräischen Universität von

Jerusalem erworben. Mit dem Verweis auf seine akademischen Meriten hoffte Tal, den Unteroffizier in seine Schranken gewiesen zu haben und endlich fortfahren zu können. Doch weit gefehlt, der vermeintliche Triumph des Generals über den Unteroffizier war eben nur das: ein vermeintlicher.

Wie sich herausstellte, war der widerspenstige Reserveoffizier seinerseits im Zivilleben Professor für russische Literatur an der Universität in Tel Aviv. General schlägt Unteroffizier, doch Professur schlägt Diplom. Siegessicher legte der Unteroffizier deshalb nach: »Wenn Sie das Buch gelesen haben, dann sollten Sie es ja eigentlich besser wissen!« Wie einen Studenten im Erstsemester wies er seinen General zurecht: »Sie sind im Begriff, denselben Fehler zu wiederholen, der den Russen vor hundertfünfzig Jahren den Sieg bei der Schlacht von Borodino gekostet hat.« Tolstoi habe das in seinem Buch doch überaus deutlich gemacht.

Man muss sich vor Augen führen, dass sich diese Plauderei über die Sternstunden der russischen Literatur nicht etwa in ungezwungener Runde bei Kaffee und Kuchen zutrug. Es war Sonntag, der 4. Juni 1967, und die Existenz des jungen Staates war in Gefahr. Über Monate hinweg hatten die Regierungen der arabischen Nachbarstaaten Israel mit der Vernichtung gedroht. Die Soldaten dieser Länder standen Gewehr bei Fuß an der Grenze und warteten auf den Marschbefehl. Die Stimmung in Israel war dementsprechend düster. In der Bevölkerung hatte sich das Gefühl breitgemacht, dass sich »eine neue Katastrophe« anbahne; dass den Juden gar ein »weiterer Holocaust« drohe, schrieb der Historiker Michael Oren über die bedrückende Stimmung. Nicht weniger apokalyptisch drückte es Ministerpräsident Levi Eschkol aus: »Blut vet sich giessen vie vasser«, warnte er seine Landsleute auf Jiddisch.

Doch selbst in dieser finsteren Stunde gelang es der Truppe nicht, die jüdische Lust an der Debatte abzustreifen. »Zunächst waren es nur General und Unteroffizier, die sich zankten. Nach und nach mischte sich dann auch der Rest des Zuges ein«, erinnert sich Oz. Es endete in einem heillosen Durcheinander. Die Scharfschützen stritten mit der Fernmeldeeinheit über Militärtheorien, im Speziellen über die von Carl von Clausewitz. Der Brigade-Koch wiederum diskutierte mit den Panzergrenadieren über die Rationalität des Krieges im Allgemeinen. Über vierzig erwachsene Männer hatten alle ihre ganz eigene Vorstellung davon, ob und wie die Schlacht zu gewinnen sei. »Das ist Israel«, sagt Oz, »ein Land, bevölkert von Ausrufezeichen, die laufen gelernt haben.« Kaum zu glauben, dass dieser zankende Haufen sich überhaupt darauf einigen konnte, am nächsten Tag gemeinsam in den Krieg zu ziehen. Dass der Krieg dann aber auch noch in Rekordzeit gewonnen wurde, grenzt an ein Wunder. Die Vermutung liegt nahe, dass die arabischen Soldaten es nach sechs Tagen Dauerzwist mit ihren israelischen Opponenten schlicht und einfach leid waren, auch nur einer weiteren Debatte der Hebräer beiwohnen zu müssen. Dann doch lieber kapitulieren und beim Schabbat, pardon!, während der nächsten *al-Dschumu'a* zur Ruhe kommen.

Widerspruch als Staatsdoktrin – mich plagen Zweifel, ob Theodor Herzl die Lust an der Debatte ebenfalls als zentrales Element der jüdischen Zivilisation benannt hätte. Zumindest in seinen Büchern deutet nichts darauf hin. In *Altneuland* schwärmte er davon, dass man im Judenstaat die Besetzung der hohen Ämter nicht im lärmenden Konkurrenzkampf der Demokratie ausloten würde, die Amtsträger würden stattdessen nach Leistung und Persönlichkeit auserwählt werden. Schon wer Wahlkampf betreibe, hätte sich dadurch automatisch disqualifiziert. Dass sich sechs Millionen zankende Juden auf ein solches System einlassen würden, auch nur versuchsweise, scheint mir so wahrscheinlich wie ein Schneemann im sommerlichen Eilat. Nein, Herzl wollte weder streiten noch sich gegen Autoritäten auflehnen. Hätte er sich nicht vor über einem Jahrhundert von uns verabschiedet, würde Herzl heute gemeinsam mit mir an der Ampel auf grünes Licht warten. Dass nicht alles so gekommen ist, wie es sich der Vater des Zionismus gewünscht hat, bekümmert Amos Oz indes wenig. Ganz im Gegenteil: Ob er sich manchmal wünsche, seine Leute hätten sich für Herzls Träume ein bisschen mehr ins Zeug gelegt, frage ich ihn.

Seine hebräische Antwort fällt knapp aus: »פפפפ«. Auf Deutsch heißt das so viel wie: »Pfff«.

Der Grund für Oz' beleidigtes Schnauben liegt in zwei Sätzen begründet, die Herzl im *Judenstaat* zu Papier gebracht hat und die Oz ihm niemals verzeihen wird. Herzl schrieb: »Wir können doch nicht Hebräisch miteinander reden. Wer von uns weiß genug Hebräisch, um in dieser Sprache ein Bahnbillett zu verlangen?« Stattdessen schlug er vor, man solle es im künftigen Judenstaat wie in der Schweiz machen und einen Sprachföderalismus etablieren. »Jeder behält seine Sprache, welche die liebe Heimat seiner Gedanken ist«, schrieb er. Am liebsten wäre es ihm freilich gewesen, wenn man sich im Judenstaat auf Deutsch als gemeinsame Sprache einigen könne, notierte er in seinen Tagebüchern.

Welch ein Affront für den hebräischen Dichter und Denker Amos Oz! Denn dieser Mann hat nicht nur drei Dutzend Bücher auf Hebräisch geschrieben, er kann auch Bahntickets in dieser Sprache lösen. Und nicht nur er, neun Millionen andere Menschen können es auch. »Es gibt mittlerweile mehr Menschen in dieser Welt, die Hebräisch sprechen, als Menschen, die österreichisches Deutsch sprechen«, rechnet mir Zahlenzauberer Oz triumphierend vor. Das sei siebzig Jahre nach Ende des Zweiten Weltkrieges die schönste Rache an Hitler, die er sich vorstellen könne. Ich werde den Eindruck nicht los, dass es für Oz auch eine kleine Rache an dem anderen Österreicher, an Herzl, ist, der ihn und seine Landsleute mit der deutschen Sprache malträtieren wollte.

Aber Oz weiß natürlich, dass es auch im »Volk der drei Bücher« Menschen gibt, die mit ihrem Hebräisch am Bahnschalter nicht weit gekommen wären. Aus eigener Erfahrung sogar. Sein Vater hatte den zwölfjährigen Oz an einem Samstag in den frühen fünfziger Jahren auf eine Veranstaltung mitgeschleppt, auf der Menachem Begin sprechen sollte. Begin war damals ein umjubelter Zionistenführer der politischen Rechten, der zwei Jahrzehnte später Israels sechster Premierminister werden sollte. Einstweilen musste er sich aber mit seiner Rolle als Oppositionsführer zufriedengeben. Bei den vorangegangenen Wahlen war nicht er, sondern sein Erzrivale David Ben-Gurion zum Premier gewählt worden. Seinen Auftritt an diesem Vormittag nutzte er daher dazu, hart gegen Ben-Gurion auszuteilen. Wie sich aber herausstellte, war Begin zwar ein glühender Zionist, ein Sprachentalent war er hingegen nicht, wie man es in Oz' Roman *Eine Geschichte von Liebe und Finsternis* nachlesen kann.

> Präsident Eisenhower bewaffnet das Regime von Gamal Abdel Nasser!
> Die Sowjetunion bewaffnet die Ägypter!
> Guy Mollet bewaffnet die Ägypter, und Anthony Eden tut es auch!
> Die ganze Welt bewaffnet unsere Feinde!
> Warum aber bewaffnet niemand uns? Weil unser Ministerpräsident David Ben-Gurion heißt!
> Wäre ich hingegen der Ministerpräsident, würde jeder uns bewaffnen! Jeder!

Oz' leidenschaftliche Paraphrase der Begin-Worte lässt keinen Zweifel: Es muss eine feurige, eine mitreißende Rede gewesen sein. Sie hatte aber einen klitzekleinen und doch entscheidenden Schönheitsfehler. Denn Begin, der von Haus aus polnischer Muttersprachler war, nutzte für seine Ben-Gurion-Schelte das hebräische Verb *le-zajen*. Und das wurde im Sinne von »jemanden bewaffnen« zuletzt verwendet, als Prophet Mose am Berg Sinai die Zehn Gebote auf Steintafeln meißelte. Vor langer, langer Zeit.

Alle nachgeborenen Generationen hingegen bringen damit das in Verbindung, was von anständigen Menschen höflich mit »Geschlechtsakt« umschrieben wird. Doch Amos Oz, ein jüdischer Anarchist par excellence, ist weder anständig noch höflich: »Menachem Begin meinte Waffen, er sprach aber vom Ficken.« Applaus bekam Begin daher nur von einer Handvoll Männer, die mit schlechtem Augenlicht und noch schlechterem Gehör in den vorderen Reihen Platz genommen hatten. Allesamt waren sie im biblischen Alter und somit alt genug, um die ursprüngliche Bedeutung des Verbs zu erfassen. Die Mehrheit der Anwesenden wunderte sich hingegen darüber, dass Begin ihnen Geschlechtsverkehr mit den Regierungschefs der Weltmächte in Aussicht gestellt hatte. Sie schwieg und schaute betreten. Nicht so der junge Amos Oz: »Für einige Sekunden konnte ich mir das Lachen noch verkneifen.« Es war ein aussichtsloser Kampf. »Es brach aus mir heraus. Ich lachte, bis mir die Tränen in den Augen standen.«

»Und dein Vater?«

»Er wäre vor Scham am liebsten im Boden versunken.«

Aber nicht nur das Vokabular, auch der Inhalt der Rede war gewagt. Vielleicht hätte sich US-Präsident Eisenhower überreden lassen, Panzer und Gewehre an die Israelis zu liefern. Dass aber ausgerechnet Begin Gleiches mit dem britischen Außenminister Anthony Eden gelungen wäre, dagegen spricht Begins nicht vorhandenes diplomatisches Geschick. Begin war eines der wandelnden Ausrufezeichen, von denen Oz sprach, kein Mann der feinen englischen Art – au contraire. 1943, fünf Jahre vor der Staatsgründung, hatte Begin den Briten im Alleingang den Krieg erklärt. Großbritannien hatte Palästina während des Ersten Weltkriegs erobert und sich gegenüber dem Völkerbund verpflichtet, dort eine Heimstätte für das jüdische Volk zu etablieren. Begin kommandierte in diesen Tagen eine paramilitärische Untergrundorganisation, die Itzel, und er war unzufrieden mit den Anstrengungen, die von den Briten unternommen wurden, um ihr Versprechen einzulösen. Auf die Kriegserklärung folgte eine Reihe von Anschlägen, die Begins Truppen auf die britischen Besatzungstruppen verübten, um sie aus dem Land zu vertreiben. Anthony Eden war bereits zu diesem Zeitpunkt englischer Außenminister, und die kämpferischen Zionisten machten ihm das Leben schwer. »Wenn wir uns entscheiden müssen, lassen sie mich Ihnen ins Ohr flüstern, dass ich die Araber den Juden vorziehe«, beschwerte er sich in einem Brief an einen Mitarbeiter. Eden hätte es sich zehn Jahre später daher wohl drei Mal überlegt, ob er Begin mit Waffen versorgt hätte.

Begins Konflikt mit den Briten stand symptomatisch für sein Verhältnis zu den Europäern im Allgemeinen: Er misstraute ihnen und kämpfte bisweilen gegen sie. Gleichzeitig war er aber auf ihre Unterstützung angewiesen. Nur von einem europäischen Staat lehnte er Unterstützung vehement ab: von Deutschland. Bundeskanzler Konrad Adenauer hatte den Israelis 1952 rund dreieinhalb Milliarden Deutsche Mark als Reparationszahlung angeboten, und Israels Premier David Ben-Gurion ließ sich auch auf die deutsche Offerte ein. Keine Dekade war vergangen, seit die Rote Armee die deutschen Konzentrationslager befreit hatte. Die Verbrechen der Deutschen in Auschwitz oder Treblinka füllten nicht nur die Seiten der Geschichtsbücher, sie waren Tagesgespräch auf den Straßen des jungen Staates. Ein tiefer Riss spaltete die israelische Gesellschaft: Sollte man sich mit den Deutschen an einen Tisch setzen, mit ihnen verhandeln? Durfte man mit den Mördern der eigenen Eltern oder Großeltern normale diplomatische Beziehungen pflegen? Begin war überzeugt davon, dass man es nicht durfte: »Es gibt Dinge im Leben, die schlimmer sind als der Tod!«, rief er bei einer Rede im Jahr 1952, und mit den »Dingen« meinte er das Angebot Adenauers.

Israels Premier war für Begin fortan nicht mehr nur ein Versager, sondern auch ein Verräter: Verächtlich bezeichnete er die Reparationszahlungen als »Blutgeld« und kündigte Widerstand an. Er lasse sich von der israelischen Regierung lieber in ein »Konzentrationslager« stecken, als das deutsche Angebot zu akzeptieren: »Wir werden unsere Familien verlassen und uns von unseren Kindern verabschieden – aber wir werden keine Verhandlungen mit Deutschland führen!« Begins Ablehnung ging gar so weit, dass er sich an der Planung eines Attentats auf Adenauer beteiligte.

Eine schizophrene Liebe

Gnade seiner frühen Geburt entging Theodor Herzl den deutschen Vernichtungslagern. Aber auch ihn quälte zeitlebens ein zwiespältiges Verhältnis zu den Europäern. Er wusste von den Pogromen gegen die Juden in Osteuropa, und er wusste, dass der Judenhass in der deutschen Kultur so tief verwurzelt ist, wie es die Eichen im Teutoburger Wald sind. »Wir haben überall ehrlich versucht, in der uns umgebenden Volksgemeinschaft unterzugehen und nur den Glauben unserer Väter zu bewahren. Man läßt es nicht zu. Vergebens sind wir treue und an manchen Orten sogar überschwengliche Patrioten, vergebens bringen wir dieselben Opfer an Gut und Blut wie unsere Mitbürger, vergebens bemühen wir uns, den Ruhm unserer Vaterländer in Künsten und Wissenschaften, ihren Reichtum durch Handel und Verkehr zu erhöhen.« Das schrieb Herzl desillusioniert im *Judenstaat* und folgerte an anderer Stelle, dass einzig mit einem Judenstaat der Antisemitismus »für immer zum Stillstand gebracht« werden könne.

Die Liebe für alles Europäische hatte Herzl trotz aller antisemitischen Übergriffe nie verloren. Im Juni 1895 war sein Schwager zum Besuch nach Paris angereist, wo Herzl als Korrespondent für die *Neue Freie Presse* arbeitete. »Schon nach vierzehn Tagen«, notierte Herzl in seinem Tagebuch, habe der sich nach den Wiener Kaffeehäusern gesehnt. Herzl wurde hellhörig, er müsse »hinhorchen nach solchen kleinen Bedürfnissen. Sie sind sehr wichtig.« Denn wenn er den europäischen Juden nicht genügend Anreize zur Übersiedlung liefere, könne das ganze zionistische Projekt scheitern. Er nahm sich deshalb vor, »drüben« im Judenstaat »auch Wiener Cafés treu zu verpflanzen«. Noch hochtrabendere Pläne schmiedete er einige Tage später. Er werde die »Brüder Hirsch« veranlassen, im Judenstaat »einen ›Louvre‹ zu bauen«. Mit den Hirsch-Brüdern war die Familie von Baron Moritz von Hirsch gemeint, einem wohlhabenden deutschen Bankkaufmann und bekannten jüdischen Mäzen. Tatsächlich ließ von Hirsch Herzl vorsprechen. Mehr aber auch nicht, der Philanthrop hielt Herzls Traum vom Judenstaat für eine Spinnerei und verweigerte ihm jegliche Unterstützung.

Solche Zurückweisungen hielten ihn nicht davon ab, zu träumen. Zahlreiche Beispiele dafür finden sich in seinen Notizen. »Herrliche« Opernhäuser, wie man sie in Paris findet, wollte er bauen lassen. Die Herausgeber der europäischen Zeitungen wiederum versuchte er zu überreden, eigene Ausgaben für den *Judenstaat* zu drucken – denn »zur Verpflanzung der Gewohnheiten gehört auch das Leibblatt zum Frühstück«. Herzl war ein Kind Europas, und so begeistert er die Gründung eines Judenstaates verfolgte, auf die lieb gewonnene europäische Lebensart wollte er auch im staubtrockenen Palästina keinesfalls verzichten. Er vermisste Europa schon, obwohl er gar nicht weggezogen war. Ganz anders dagegen Amos Oz. Der könnte mit einem israelischen Louvre zwar leben, Herzls unbändige Liebe für Europa und die europäische Kultur teilt er hingegen nicht:

»Herzls Verhältnis zu Europa war schizophren. Es gab ja einen guten Grund, warum er die Juden nach Palästina schicken wollte: den Antisemitismus. Und der hatte seinen Ursprung in genau dieser europäischen Kultur, von der er nicht loslassen konnte, die er vergötterte.«

»Vergöttert man Europa in Israel noch immer?«

»In Teilen der israelischen Linken, ja. Man sieht dort nicht, was man nicht sehen will. Auch meine Eltern haben bis zum Ende ihres Lebens von diesem Kontinent geschwärmt. In ihren Augen war Europa der Inbegriff der Kultur. Sie haben ausgeblendet, dass diese kultivierten Europäer sie beinahe ermordet hätten, wären sie nicht in den dreißiger Jahren geflohen.«

»An dir ist diese schizophrene Europa-Liebe vorbeigegangen?«

»Ich bin ein *Tzubar*, jemand, der nicht zugezogen ist, sondern in Israel geboren wurde. Als junger Mann hatte ich für Europa nur Verachtung übrig. Ich wollte keine deutschen Produkte kaufen und noch nicht mal mit Deutschen reden, so groß war mein Ekel vor ihnen.«

»Warum tust du es heute?«

»Ich habe trotz meiner Verachtung weiterhin europäische und sogar deutsche Autoren gelesen. Literatur darf man nicht boykottieren, wenn man es tut, ist man nicht besser als die Nazis. Ich habe für Heinrich Böll geschwärmt und Siegfried Lenz verschlungen. Durch ihre Bücher wurde ich langsam wieder an Europa herangeführt. Aber verliebt bin ich in die Europäer noch immer nicht.«

»Der Ekel ist also noch da?«

»Ich ekel mich nicht mehr vor ihnen, aber manche von ihnen machen mich wütend. Das Bild, was Herzl und meine Eltern von Europäern hatten, dass sie kultiviert und aufgeschlossen sind, dieses Bild haben Europäer ja auch von sich selbst. Aber frage mal einen europäischen Intellektuellen, ob er sich gerne Hollywood-Filme ansieht. Er wird abschätzig mit den Augen rollen und dir erklären, dass er amerikanische Filme nicht mag, weil dort einzig zwischen guten und bösen Charakteren unterschieden wird. Wenn es aber nicht um Filme, sondern um die Politik geht, ist es genau das, was viele von ihnen machen!«

»Schwarz-weiß malen?«

»Ja. Dann unterzeichnen sie eine Petition für die vermeintlich Guten und gehen auf eine Demonstration gegen die vermeintlich Bösen. Im Anschluss legen sie sich ins Bett und fühlen sich wunderbar.«

»Sprichst du von Israel?«

»Nicht nur, aber natürlich auch. Beide Völker, das arabische und das jüdische, sind Opfer der europäischen Zerstörungswut geworden. Europa hat die Araber kolonialisiert und ausgenutzt, das jüdische Volk wurde über

Jahrhunderte von Europäern verfolgt und beinahe vernichtet. In Europa haben das einige mittlerweile vergessen, vielleicht auch verdrängt.«

Dieses Misstrauen gegen die Europäer zieht sich von Theodor Herzl über Menachem Begin bis hin zu Amos Oz – und es ist auch in großen Teilen der israelischen Gesellschaft verankert. Es fällt einem nicht direkt ins Auge, wenn man durch Tel Aviv läuft, die europäischste unter den israelischen Städten. Viele dort würden ihren israelischen Pass lieber noch heute als morgen gegen EU-Dokumente eintauschen. Aber sobald man in die Vorstädte fährt, nach Rechovot oder Rischon LeZion, wenn man Tel Aviv in Richtung Jerusalem verlässt oder die Ortschaften in Galiläa besucht, dann wird der Ton kühler, wenn Europa das Thema ist.

Eiskalt klang die Antwort, die ich von einem jungen Kioskverkäufer in Mitzpe Ramon bekam. Ob er manchmal von einem Leben in Paris, Barcelona oder London träume, fragte ich ihn. Angesichts seines Alters eine berechtigte Frage, dachte ich, denn Mitzpe Ramon liegt mitten in der Negev; das Dorf ist halb so groß wie der Wiener Zentralfriedhof – aber doppelt so tot. Es ist kein Ort, von dem Jugendliche träumen. Seine Antwort fiel dennoch entschieden aus: »Europa? Lieber sterbe ich in dieser Wüste und werde zum Fossil, als auch nur einen Schritt auf diesen Kontinent zu setzen.«

Dieser Widerspruch zwischen Tel Aviver Europaliebe und Mitzpe Ramonischem Europahass, zwischen Begins Kriegserklärung an den Alten Kontinent und Herzls Träumen von einem Louvre im Nahen Osten, findet sich auch in den Zahlen wieder. In einer Umfrage aus dem Jahr 2011 gaben vierundsechzig Prozent der Israelis an, dass die

EU im Friedensprozess eine Position einnehme, die die Palästinenser bevorzuge. Europa und die EU seien keine gerechten Makler, wenn es um die Juden gehe. Trotz dieser gefühlten Unrechtsbehandlung gaben in einer anderen Befragung einundachtzig Prozent der Israelis an, dass sie eine EU-Mitgliedschaft ihres Landes unterstützen würden.

Darf es noch ein Keks sein?

Seit zwei Stunden sitze ich in der Wohnung des Schriftstellers. Je länger Oz spricht, umso mehr bin ich davon überzeugt, dass er und Herzl wohl keine Freunde geworden wären. Beide haben sie zwar ihr Leben damit verbracht, über den Judenstaat zu schreiben. Doch es sind zwei verschiedene Orte, die sie im Kopf hatten. Und die sind weiter voneinander entfernt als Robinson Crusoes Pazifikinsel von Wiens 1. Bezirk. Vielleicht hatte Herzl bereits geahnt, welche Katastrophe sich in Europa anbahnte. Er entging ihr aber durch seinen frühen Tod, seine Liebe für alles Europäische nahm er mit ins Grab. Oz konnte der Katastrophe nicht mehr entgehen, er war einer ihrer Zeugen. Er hat die Überlebenden und Heimatlosen, die Vertriebenen und Gedemütigten mit stummen Lippen an der Mittelmeerküste von Bord der Flüchtlingsschiffe gehen sehen.

Es gebe eine tiefe Wunde in der israelischen Gesellschaft, die nicht heile, sagt Oz. »Unsere Eltern und Großeltern haben nie überwunden, dass sie von diesem Ort und dieser Kultur zurückgewiesen wurden. Ich wuchs in hrem Schatten auf und trage die Verletzung meiner

Eltern bis heute in mir.« Mit dieser Wunde war auch Herzls Traum von einem Österreich unter dem Olivenbaum passé. Stattdessen musste eine neue, eine eigene Identität gefunden werden. Und die Suche danach verläuft weder lautlos noch harmonisch. In Oz' Israel wird gezankt und gestritten, manchmal so heftig, dass der Putz von den Wänden blättert.

»Willst du noch einen Keks? Sonst räume ich sie jetzt weg.« Oz' Ehefrau Nily lässt mich unmissverständlich wissen, dass der Feierabend vor der Tür steht. Als ich das Haus der Familie Oz verlasse, ist die Sonne längst im Mittelmeer ertrunken, und die letzten Autos haben ihren Nachtparkplatz gefunden. Nach fünf Minuten Fußmarsch stoße ich auf die erste Ampel. Und die ist, wie könnte es anders sein, dunkelrot. Heute Abend werde ich gegen mein deutsches Gen rebellieren. Mein Herz schlägt schneller, ich atme tief durch, dann laufe ich los. Ob Theodor Herzl auf mich stolz gewesen wäre, weiß ich nicht, Amos Oz wäre es.

3.
Warum Sayed Kashua beim Abheben des Flugzeugs zum Muslim wird – und bei der Landung zum Israeli

Worte des Grauens

Es gibt Worte, deren bloße Aussprache ausreicht, um Journalisten das Entsetzen ins Gesicht zu zeichnen. Das Wort »Bronchialkarzinom« etwa hört man selten von lächelnden Lippen weichen, und auch wenn Reporter im History Channel vom »Holocaust« berichten, sind ihre Gesichtszüge in aller Regel so lebendig wie die Exponate der paläontologischen Museen. Die drei Silben »Israel« zählen ebenfalls zu den Klassikern dieser Worte des Grauens. Nimmt sie ein Nachrichtensprecher in den Mund, klingt es immer gleich: sehr, sehr besorgt. Egal ob Wolf Blitzer von CNN oder Jan Hofer von der *Tagesschau* – wenn es um Israel geht, bebt die Stimme der TV-Journalisten, und eine Sorgenfalte ziert ihre Stirn. Denn über Israel sprechen heißt, über jüdisches, arabisches, über menschliches Elend zu sprechen. Der einzige Ort auf dieser Welt, an dem mir derlei Befindlichkeiten mit diesen Wörtern bislang nicht aufgefallen sind, ist ausgerechnet das Land, in dem das vermeintliche Elend tagtäglich durchlitten wird. Israel selbst. Während sich der ganze Globus um Israel grämt und sorgt, während in New York, Brüssel und Berlin Heerscharen von Diplomaten, Staatschefs und Friedensforschern schlaflose Nächte damit verbringen, komplizierte Friedensfahrpläne zu entwerfen, wird zwischen Haifa und Eilat die eigene Misere allenfalls als amüsante Sitcom aufgefasst, in der man durch einen glücklichen Zufall die Hauptrolle spielen darf.

Der Autor und Journalist Sayed Kashua hat genau das aus dem Nahostkonflikt gebastelt: eine Sitcom. Und eine erfolgreiche noch dazu. In vier Staffeln und dreiundvierzig Folgen erzählt die Show *Awoda Aravit* von den Vorurteilen, mit denen die Hauptprotagonisten, der arabische Journalist Amjad und seine Familie, tagtäglich im Staat der Juden zu kämpfen haben. Obwohl sich Serienheld Amjad redlich müht, seinen Platz in der jüdischen Mehrheitsgesellschaft zu finden, scheitert er ein ums andere Mal. Bei den israelischen Zuschauern und Kritikern kam die Sendung gut an: Die Zeitung *Haaretz* verglich Kashuas Humor mit dem von Ephraim Kishon und Woody Allen und attestierte der Show, sie zeige »jüdischen Humor vom Feinsten«. Kashua, das sei dazugesagt, ist muslimischer Araber und somit so jüdisch wie das Schweinchen namens Babe.

Die Scherze der Sendung sind dabei so bitterböse und politisch unkorrekt, dass sich *Tagesschau*-Sprecher Jan Hofer wahrscheinlich noch im dunklen Keller ein Kichern verkneifen würde. Schon mit dem Serientitel macht sich Kashua über das Bild lustig, das jüdische Israelis von ihren arabischen Landsmännern und Landsfrauen haben: »Arabische Arbeit«, so die deutsche Übersetzung, ist ein geflügeltes Wort im Hebräischen, das immer dann angewandt wird, wenn (wie etwa im Fall der Familie Oz) der Putz von den Wänden blättert, die Tür klemmt oder sonst wie schlampig gearbeitet wurde. Die Rollenverteilung in *Awoda Aravit* ist von der ersten Sendeminute klar: Misstrauische Juden treffen auf Araber, die bestenfalls als Billiglöhner mit ausgeprägtem Hang zur Schludrigkeit wahrgenommen werden. Im schlimmsten Fall aber als potenzielle Selbstmordattentäter gefürchtet werden müssen.

Dieser Duktus durchzieht die gesamte Serie. In der zweiten Staffel sucht Amjads Nachbar händeringend nach einem Käufer für sein Apartment. Die Käufersuche wird dadurch erschwert, dass er mit Amjads Familie zwar freundliche, aber eben auch arabische Nachbarn hat. Für den Durchschnitts-Israeli jedoch sind Araber im eigenen Haus das, was dem Durchschnitts-Deutschen ein Atomkraftwerk im Vorgarten ist: ein Sicherheitsrisiko und damit ein justiziabler Grund zur Kaufpreisminderung. Eine Umfrage des Thinktanks »Israel Democracy Institute« aus dem Jahr 2013 ergab, dass beinahe die Hälfte der israelischen Juden (achtundvierzig Prozent) sich keine arabischen Nachbarn wünscht. Die Abneigung ist dabei keineswegs einseitig: Auch einundvierzig Prozent der befragten Araber würden es lieber vermeiden, Tür an Tür mit Juden zu leben.

Diese realen Ressentiments zeichnet Kashua in seiner fiktiven Sitcom-Welt nach. Um die Wohnung doch noch verkauft zu bekommen, bittet der Nachbar Amjad darum, sich möglichst unauffällig zu verhalten oder, besser noch, ganz zu verschwinden. Amjad, der um eine gute Nachbarschaft bemüht ist, geht auf die Bitte seines Nachbarn nicht nur ein, sondern geht sogar so weit, mit Kippa auf dem Kopf und strikter Einhaltung der jüdischen Feiertage seine arabisch-muslimische Identität zu verschleiern.

Es braucht keinen Sherlock Holmes, um herauszufinden, dass Kashua sich in *Awoda Aravit* seiner eigenen Biographie bedient und mit Amjad sein Alter Ego geschaffen hat. Geboren und aufgewachsen ist er in Tira, einem kleinen Nest in Zentralisrael, dessen Bevölkerung sich nach Angaben des israelischen Statistikamtes zu neunundneunzig Komma sechs Prozent aus sunnitischen Arabern zusammensetzt und wo es nach Auskunft Kashuas zwar »harmonisch« zugehe, gleichzeitig aber auch »sterbenslangweilig« sei. Als Kashua zum Teenager wurde, fand sein unaufgeregtes Leben als Teil einer ethnischen Majorität schlagartig ein Ende. »Meinem Vater war es wichtig, dass ich die bestmögliche Bildung bekomme.« Im arabischen Provinznest sei daran aber nicht zu denken gewesen: »Wenn es um das Bildungsbudget der arabischen Bevölkerung geht, sind die israelischen Behörden verdammt knauserig«, sagt er. Sein Vater gab sich pragmatisch; wenn die Bildung nicht zu den Arabern kommt, dann kommen die Araber eben zur Bildung, dachte er sich und steckte seinen Sohn kurzerhand auf ein jüdisches Internat in Jerusalem.

Es sah dabei anfangs nicht so aus, als würde sich eine innige Liebesbeziehung zwischen Kashua und der israelischen Hauptstadt entwickeln. Ganz im Gegenteil: »Ich habe die Stadt gehasst, als ich sie zum ersten Mal betrat.« Schon auf der Busfahrt nach Jerusalem musste er herausfinden, dass er in Tira zwar zur ethnischen Bevölkerungsmehrheit, im Restland aber zur Zwanzig-Prozent-Bevölkerungsminderheit zählt. »Ein Soldat stieg in den Bus und brauchte keine Minute, um mich als Araber zu identifizieren und herauszuwinken.« Kashua hatte es ihm leicht gemacht, wie er selbstkritisch gesteht: »Ich trug Klamotten, die sich kein Jude anziehen würde, und auf meiner Oberlippe sah man einen dünnen Bart, den sich nur Araber wachsen lassen.« Kashua musste seine erste Reise nach Jerusalem daher für seine erste Leibesvisitation durch die israelische Armee unterbrechen.

Um künftig derlei Unannehmlichkeiten zu vermeiden, entledigte sich Bildungsflüchtling Kashua bald nach seiner Ankunft seines Bleistiftbartes und kleidete sich fortan in neue, koschere Gewänder. Und in der heiligen Stadt Jerusalem begann er von all den sündigen Köstlichkeiten zu kosten, von denen man in Tira noch nicht einmal zu träumen wagt. »Ich war jung und begann die Dinge zu tun, vor denen ich immer gewarnt worden war: Ich entdeckte die Kneipen für mich und begann mit dem Trinken.« Und er begann mit dem Rauchen, auch das sollte nicht unerwähnt bleiben. Denn Kashua raucht so viel, dass selbst der Marlboro-Cowboy besorgt den Kopf schütteln würde.

Die Anstrengungen, seine Identität äußerlich zu kaschieren, haben sich gelohnt. Lange bevor ich Kashua zum Interview traf, legte mir eine Freundin ein Foto Kashuas vor und gleich daneben ein Bild des israelischen Schauspielers Norman Issa, der in *Awoda Aravit* die Rolle des Amjad spielt. Wer von beiden der Araber, wer der Jude sei, fragte mich Yarden listig. Es kam, wie es kommen musste, den Juden dachte ich in Kashua zu erkennen, den Araber in Issa. Doch nicht nur äußerlich ist der Bildungsflüchtling Kashua auf dem Internat jüdischer geworden, ist zum koscheren Araber mutiert. Neben der Sitcom hat er mittlerweile vier Bücher geschrieben, allesamt in Hebräisch. Eines davon war so erfolgreich, dass es mit dem Literaturpreis ausgezeichnet wurde, der vom israelischen Premierminister gestiftet wird. Aus dem Araberjungen aus einfachen Verhältnissen ist ein gefragter und preisgekrönter israelischer Intellektueller geworden.

Mehr noch, mit Kashua ist auch Herzls Dichtung ein Stück weit zur Wahrheit geworden. Denn es war der Österreicher, der in *Altneuland* prophezeite, dass der Staat der Juden dereinst nicht nur der jüdischen Bevölkerung eine Heimat sein werde, sondern auch die ortsansässigen Muslime schon bald lernen würden, den Zionismus zu lieben. Mit den Zionisten, so die simple Rechnung Herzls, würde im hinterwäldlerischen Palästina endlich die Moderne Einzug halten. Nach Tausenden Jahren im öden Wüstensand plötzlich Eisenbahnen, Fabriken und Kaiserschmarrn direkt vor die Haustür geliefert zu bekommen – wer könnte dagegen etwas einzuwenden haben? Ein gewisser Reschid Bey, der einzige muslimische Protagonist in *Altneuland*, jedenfalls nicht. Bey sei »ein schöner Mann von etwa fünfunddreißig Jahren« gewesen, schwärmte Herzl. Ein Mann, der zur »dunklen europäischen Kleidung« den traditionellen osmanischen Hut, den roten Fez, trug.

Herzl war sichtlich bemüht, Bey wie eine Chimäre aus Karl Mays Hadschi Halef Omar (mit vollem Namen: Ben Hadschi Abul Abbas Ibn Hadschi Dawuhd al Gossarah) und Arthur Schopenhauer zu zeichnen. Als ein Mischwesen aus muslimischem Halbwilden einerseits und europäischem Intellektuellen andererseits. »Er grüßte nach orientalischer Art, indem er mit der Rechten den Luftschnörkel machte, der das Aufheben und Küssen des Staubes bedeutet«, schwadronierte Herzl in der Tradition des sächsischen Abenteuerautors. Doch Bey war nicht nur ein schicker, er war auch ein gescheiter Mann: Ein paar Sätze weiter kam Herzl auf seine intellektuellen Fähigkeiten zu sprechen. Auf Anraten seines Vaters, der einer derjenigen gewesen sei, »die den Vorteil der Judeneinwanderung sofort begriffen«, habe Bey in Berlin studiert – genauso wie einst der olle Schopenhauer. Im Fall von Bey hatte das Studium in der preußischen Hauptstadt den hübschen Folgeeffekt, dass, wenn man Bey »in türkischer Sprache« ansprach, die Antwort in der Muttersprache Karl Mays und Schopenhauers kam, »mit leicht norddeutscher Betonung« sogar.

Und was Bey über die Zionisten zu sagen hatte, war überaus schmeichelhaft. Fragte man ihn etwa danach, ob die früheren Bewohner von Palästina durch die jüdische Einwanderung nicht zugrunde gerichtet worden seien, widersprach dieser energisch. »Für uns alle war es ein Segen!«, ließ Herzl seinen Mohammedaner im Buch jubeln, »selbstverständlich in erster Linie für die Besitzenden, die ihre Landstücke zu hohen Preisen an die jüdische Gesellschaft verkaufen konnten oder auch weiter behielten, wenn sie noch höhere Preise abwarten wollten. Ich für meinen Teil habe die Grundstücke unserer neuen Gesellschaft verkauft, weil ich dabei meine Rechnung besser fand.«

Im Herzl'schen Palästina ging es wahrlich harmonisch zu. Weder gab es Streit über Ländereien, noch führten die kulturellen Unterschiede zu Reibereien. Der Zionismus, da schien sich Herzl sicher zu sein, würde für Juden und Araber das sein, was Spieltheoretiker als Win-win-Situation bezeichnen.

Zugegeben, mit dem Waschbärbauch über der Gürtellinie und der verwaschenen Jeans darunter verfehlt Sayed Kashua Herzls schwärmerische Personenbeschreibung Beys. Aber was sind schon Äußerlichkeiten, denke ich und halte an meiner Überzeugung fest, dass mir mit Kashua der fleischgewordene Reschid Bey gegenüber sitzt. Ein Araber, der auf einer jüdischen Schule ausgebildet wurde und mit hebräischen Büchern seine Brötchen verdient – eigentlich könnte ich mir die erste Frage schenken, ich stelle sie trotzdem: »Hast du Herzls Bücher gelesen?«

»Leider ja«, antwortet Kashua und versetzt meinen Erwartungen somit schon von Beginn an einen Dämpfer.

»Aber hatte Herzl nicht dich in Gedanken, als er über Reschid Bey schrieb? Wäre er nicht stolz auf dich?«

»Ich hoffe nicht!«, schleudert mir Kashua auch auf die zweite Nachfrage entgegen und legt nach: »Ich versuche mein Bestes, dem Staat Israel nicht als Feigenblatt zu dienen. Ich bin mir bewusst darüber, dass mich einige in der israelischen Regierung gerne dazu benutzen würden, um der Restwelt zu zeigen: ›Schaut euch ihn an, er hat es geschafft.‹«

»Hast du das denn nicht? Die Leute lieben deine Bücher, und Tausende schalten den Fernseher an, wenn deine Serie läuft …«

»Ich habe es trotz der Diskriminierung geschafft, nicht weil das System hier so toll wäre. Ich habe niemals geschrieben, dass uns Israel, dass uns der Zionismus Chancen eröffnet hätte. Das Gegenteil ist der Fall.«

»So schlimm?«

»Du kannst es ja selbst mal versuchen: Bewirb dich für einen Job oder such deiner Tochter einen Platz im Kindergarten. In dem Moment, in dem du deinen Namen auf die Bewerberliste setzt, hast du als Araber schlechte Karten.«

»Was ist mit der Sprache, solltest du nicht zumindest da Herzl und den anderen Zionisten ein wenig mehr

Dankbarkeit entgegenbringen? Immerhin ist es die Sprache, in der du jedes deiner Bücher geschrieben hast.«

»Hebräisch ist ein Werkzeug für mich, nicht mehr und nicht weniger. Wenn ich wirklich etwas bewegen und Menschen erreichen will, muss ich das auf Hebräisch tun. Und damit meine ich noch nicht mal allein die Juden. Es ist ein Fakt, dass mich auch mehr Araber lesen, wenn ich auf Hebräisch schreibe. Ich habe einige Jahre in Beit Safafa gelebt, einem arabischen Stadtteil von Jerusalem. Ein Historiker von dort hatte ein wirklich spannendes Buch über die Geschichte des Ortes geschrieben. Einen Verlag hat er für das Buch nicht gefunden, und die Buchläden wollten es auch nicht verkaufen. Stattdessen landete es dann beim Metzger. Dort entdeckte ich es zwischen Lammkeulen und Hähnchenschenkeln in der Auslage.«

»Für Vegetarier unerreichbar.«

»Nicht nur für die. In Israel ist man nicht interessiert an der Geschichtsschreibung durch arabische Autoren. Was sich die Israelis wirklich wünschen, sind nicht arabische Mitbürger auf Augenhöhe, sondern *Aravi Machmad*.«

»Bitte was?«

»Putzige arabische Haustiere, die sich nach ihren Vorstellungen formen und erziehen lassen. Wenn du dir Herzls Bücher durchliest, wirst du sehen, dass auch er wohl an ein solches Haustier gedacht hat, als er von Reschid Bey fantasierte.«

Kashua wehrt sich mit Händen und Füßen gegen die Rolle, die ich ihm zugedacht hatte: Er will nicht Reschid Bey sein. Und nach eigener Aussage kann er auch nicht: »Ich habe ihre Sprache gelernt, lebe in ihren Stadtvierteln und trage ihre Kleidung. Geholfen hat es alles nichts. Dieses Land wurde von den Zionisten für Juden erbaut, und es ist egal, wie sehr ich mich bemühe, Teil dieser Gesellschaft zu werden, ich werde es niemals sein.« Zumindest was die Äußerlichkeiten angeht, kann ich seine Erfahrungen bestätigen: Ein Hut macht in Deutschland noch keinen Joseph Beuys und eine Kippa in Israel keinen Israeli. Das hatte ich vor einigen Jahren selbst erfahren müssen, als ich mit koscherer Maskerade versuchte, für einen Abend Teil der israelischen Gesellschaft zu werden. Meine Mission: Einblicke zu gewinnen, die einem Ortsfremden normalerweise verwehrt bleiben.

Es war der Abend des Purim-Festes, und von den insgesamt sieben biblischen Pflichten, die den Juden an diesem Feiertag auferlegt sind, hatte ich immerhin drei strikt befolgt (all jene nämlich, die nichts mit Bibel und Beten zu tun haben). Ich hatte mich über den Tag hinweg von süßen, mit Marmelade gefüllten *Sufganiyah* ernährt, die man in Deutschland als Berliner und in Herzls Heimat als Krapfen kennt.

Für den Abend dann war ich mit Yarden verabredet. Gemeinsam wollten wir auch das eine Purim-Tradition und religiöse Pflicht – verkleidet ausgehen. Bereits Wochen vor dem Festtag war ich für meine Verkleidung aktiv geworden und hatte meinen Rasierer tief im Kulturbeutel verstaut, auf dass mir ein Bart wachsen sollte.

Aus meinen Hosen lugten an diesem Abend die *Tzitzit* hervor, die farbigen Kordeln, wie sie von den Orthodoxen getragen werden. Und auf meinem Kopf thronte eine gehäkelte Kippa.

In diesem religiösen Outfit machte ich mich auf den Weg, um Yarden abzuholen und auch noch der letzten verbliebenen Purim-Pflicht nachzukommen. Diese letzte *Mitzvah*, so heißen die rabbinischen Vorschriften, verlangt es von den Gläubigen, so viel Alkohol zu trinken, bis man keinen vollständigen Satz mehr denken oder sprechen kann. Genau so sieht es die jüdische Gesetzgebung vor, und genau so wollte ich es an diesem Abend machen. Die Sprache verschlug es mir dann aber noch bevor ich einen einzigen Tropfen Wein getrunken hatte. Als ich Yardens Haustür öffnete, stand meine Abendbegleitung Zigarette rauchend in der Diele und präsentierte mir ihr Kostüm: weißer Bubikragen über dunkelblauer Bluse, und die sonst brünetten Haare waren schwarz gefärbt und zu einem akkuraten Seitenscheitel gekämmt. Auf der Brust prangte ein gelber Stern, der Judenstern. »Heute Abend gehst du mit Anne Frank aus!«, rief sie mir entgegen.

Mein Blick dürfte dem geglichen haben, den sich *Tagesschau*-Mann Jan Hofer für die Momente aufhebt, in denen er über israelische Holocaust-Überlebende mit Lungenkrebs berichten muss. Momente also, in denen sämtliche Worte des Grauens in einem Satz Platz finden müssen. »Gefällt dir mein Kostüm nicht?«, fragte Yarden. Ich murmelte »Doch, doch – hübsch, hübsch« und zog es für den Rest des Abends vor, zum Thema zu schweigen. Meine humorlose Reaktion auf das Anne-Frank-Outfit sei »typisch deutsch«, beschwerte sie sich. Da halfen auch nicht Kippa auf dem Kopf und *Tzitzit* in der Hose. Ganz anders reagierten ihre israelischen Freunde, »se gadol!«, lobten sie ihre Verkleidung, »das ist großartig!« Es dauerte ein paar Monate, bis ich mit ihr zum ersten Mal über diesen denkwürdigen Abend sprach, an dem Anne Frank und Hitlerjunge Salomon gemeinsam ausgegangen waren.

»Hätte das unbedingt sein müssen?«

»Du meinst den Mord deiner Großeltern an meinen?«, fragte Yarden mit gespielter Ahnungslosigkeit und schob die Antwort gleich nach: »Wenn du mich fragst, ganz und gar nicht.«

»Du weißt, was ich meine. Musste es Anne Frank sein? Hätte es nicht auch ein Pirat getan?«

»Hey! Das habe ich für dich gemacht!«

»Für mich?«

»Ja. Anne Frank war Deutsche, und ich wollte dir einen Abend mit Landsmännern schenken.«

»Hätte es dann nicht auch Konrad Adenauer getan? Hätten deine Großeltern gelacht, wenn sie dich in diesem Outfit gesehen hätten?«

»Nö. Aber weißt du, worüber sie noch weniger gelacht hätten?«

»Worüber?«

»Dass ich an diesem Abend den Enkel von den Leuten geküsst habe, die Anne Frank damals aus ihrem Haus in Amsterdam abgeholt haben.«

»Guter Punkt.«

»Siehst du.«

»Ich versuche nur zu verstehen, warum in Deutschland den Menschen die Gesichtszüge gefrieren, wenn sie das Wort ›Holocaust‹ hören, in Israel das aber niemanden zu kümmern scheint.«

»Hör zu: Mich hat weder jemand gefragt, ob ich als Jüdin geboren werden will, noch hat mich jemand gefragt, ob ich im Nahen Osten aufwachsen will. Was soll ich machen? Den ganzen Tag ein ernstes Gesicht aufsetzen und der Opfer des Holocausts gedenken?«

»Gibt es also nichts, worüber man in Israel nicht lachen würde?«

»Zumindest fällt mir nichts ein.«

»Wie ist es mit den Arabern?«

»Auch die können sehr lustig sein.«

»Ich habe mit Sayed Kashua gesprochen ...«

»Dann solltest du es ja selber wissen!«

»... er sagte, dass man sich die Araber hier am liebsten wie Haustiere halten würde. Das klang nicht so lustig.«

»Hast du in meiner Wohnung schon mal ein arabisches Haustier gesehen? Ich nicht. Ganz ehrlich, ich hätte mir auch gewünscht, dass die Zionisten ihren Staat in Deutschland gegründet hätten. Dann könnte ich meine Wochenenden in Berlin verbringen, und Sayed hätte Palästina ganz für sich allein – vom Westjordanland bis zur Mittelmeerküste. Es war nicht meine Schuld, es war *dein* Theodor Herzl, der unbedingt in den Nahen Osten ziehen wollte.«

Ein wunderbares Land

Weil Yarden mir keine befriedigende Antwort auf die Frage liefern konnte, ob es denn gar nichts im Land Israel, in *Eretz Israel*, gibt, über das man sich einen Scherz verkneift, machte ich mich auf die Suche nach einem anderen Eingeborenen mit Humorerfahrung. Ich fand Muli Segev, den Produzenten der Comedy-Serie *Eretz Nehederet*. Übersetzt heißt der Showtitel »Ein wunderbares Land«, was entweder ironisch oder im übertragenen Sinn gemeint sein muss. Denn zumindest der Ort, an dem die Serie produziert wird, ist alles andere als wunderbar. Das TV-Studio liegt in einem schmucklosen Gewerbegebiet im Norden Tel Avivs. Sterile Funktionsbauten aus Stahl, Beton und weiten Fensterfronten reihen sich dort aneinander, von den Dächern grüßen Leuchtreklamen die Besucher. Selbst der Straßenname lässt nur bedingt frohe Gefühle aufkommen. Er erinnert an den schwedischen Diplomaten Raoul Wallenberg. Der hatte im Zweiten Weltkrieg Zehntausende Juden in Ungarn vor den Nazis versteckt und sie damit vor dem sicheren Tod im Konzentrationslager gerettet.

In diesem tristen Umfeld also, inmitten von schlipsgeschmückten Männern und Frauen im Hosenanzug, wird *Eretz Nehederet* erdacht und gefilmt. Eine Sendung, die mir Yarden als »die lustigste der Welt« angepriesen hat. Und nicht nur sie verpasst keine Episode, auch aus dem Weißen Haus in Washington vernimmt man bisweilen ein Kichern, wenn die Sendung ausgestrahlt wird. Als die Weltpresse im Sommer 2013 spekuliert, dass sich Israels Premierminister Benjamin »Bibi« Netanyahu und US-Präsident Barack Obama wegen des israelischen Siedlungsbaus gezankt hätten, wies der US-Präsident dies entschieden zurück. »Jeder Streit zwischen mir und meinem Freund Bibi in den vergangenen Jahren war nur ein abgesprochenes Komplott, um *Eretz Nehederet* Material zu liefern. Wir wollten sicherstellen, dass die Schreiber der Show guten Stoff haben«, sagte der US-Präsident in einer Rede in Jerusalem. Wer, wie Muli Segev, solche

Prominenz zu seinen Zuschauern zählt, der muss eine Menge über Humor wissen und wird mir auch meine Frage nach den Tabuthemen beantworten können.

»Mir wurde gesagt, dass ihr die lustigste Show macht, die es jemals im Fernsehen zu sehen gab.«

Segev lacht: »Wir geben uns größte Mühe.«

»Würde Theodor Herzl den Fernseher einschalten, wenn ihr auf Sendung seid?«

»Davon bin ich überzeugt. Ich weiß nicht, ob du sein Buch *Altneuland* gelesen hast, aber das Land, von dem er träumte, unterscheidet sich recht deutlich von dem Land, das Israel geworden ist.«

»Wovon träumte er denn?«

»Von einem liberalen und säkularen Land.«

»Du siehst nicht gerade wie ein konservativer Rabbi aus ...«

»Es geht auch nicht um mich oder unser Team. Kulturell sind wir sehr nahe an Herzl dran. Aber wir kämpfen seit Jahren mit Kräften, die dieses Land am liebsten in einen Gottesstaat verwandeln würden.«

Ich bin froh, endlich jemanden getroffen zu haben, der nicht stöhnt, sobald Theodor Herzls Name fällt. Und wenn Segev sich und seine Mannschaft zur Speerspitze des Herzl'schen Zionismus zählt – umso besser. »Ich komme aus einem Land, das weltweit den Ruf hat, der humorloseste Ort auf Planet Erde zu sein. Was können Deutsche von Juden lernen, wenn es ums Lachen geht?«

»Wahrscheinlich eine Menge. Ich bin mir aber nicht sicher, ob es überhaupt jüdischer Humor ist.«

»Was ist es dann?«

»Israelischer Humor trifft es besser.«

»Wo liegt der Unterschied?

»Die DNA des israelischen Humors ist dieselbe, es ist die alte jüdische Tradition, sich trotz der Tragödie zu einem Lachen zu überwinden. Aber israelischer Humor ist grenzwertiger und brutaler.«

»Brutaler? Wie Woody Allen auf Anabolika?«

»Schlimmer!«

»Autsch.«

»*Eretz Nehederet* unterscheidet sich im Grunde nicht von US-Shows wie *Saturday Night Live*, aber das politische Umfeld ist ein anderes. Bei uns haben viele politische Entscheidungen unmittelbare Auswirkungen auf das Leben von Menschen. Sei es der Soldat, der von der Knesset zum Einsatz in den Gazastreifen geschickt wird, oder der Palästinenser, der mit den Folgen des Einmarschs dann zu leben hat. So gesehen kämpfen wir tagtäglich mit der Frage nach Leben und Tod.«

»Das klingt deprimierend.«

»Häufig ist es das auch. Wir haben vor einigen Jahren mal an einer Show gearbeitet, als plötzlich die Alarmsirenen losgingen. Die Hisbollah hatte Raketen auf Tel Aviv geschossen, und wir mussten uns in den Bunker verdrücken. Das ist unser Leben und das hat natürlich Einfluss auf unseren Humor.«

»Heißt das, Deutschland wäre ein lustigeres Land, würde die Hisbollah Raketen auf Berlin schießen?«

»Gut möglich. Diese ständige Bedrohungssituation hat Auswirkungen auf alle Lebensbereiche. Israelis lachen lauter, sie feiern exzessiver, und sie fahren Auto, als gäbe es kein Morgen.«

»O ja, Letzteres kenne ich …«

»Nach dieser Formel funktioniert das Leben hier. Wir sind hungrig nach allem, was das Leben zu bieten hat.

Ganz einfach aus dem Grund, weil wir jeden Tag daran erinnert werden, dass innerhalb von wenigen Sekunden alles vorbei sein kann. Da hält man sich auch bei Witzen nicht zurück.«

»Niemals?«

»Niemals!«

»Macht ihr Witze über Krebs?«

»Haben wir auch schon, ja.«

»Holocaust-Witze?«

»Viel zu viele sogar!«

»Oha!«

»Wir haben mal Leute für eine fiktive Reality-Show mit dem Namen ›Das Camp‹ gecastet. Den Bewerbern haben wir erzählt, dass es wie bei *Big Brother* ablaufen würde: Sie würden wochenlang in Baracken schlafen und in zwei Teams gegeneinander in Wettkämpfen antreten. Auf der einen Seite das Team der Deutschen, auf der anderen das der Juden. Wer es am längsten dort aushält, würde als ›Camp-Survivor‹ ein Preisgeld einstreichen.«

»Und es gab tatsächlich Leute, die ins Camp einziehen wollten?«

»Nicht viele, aber genügend, um den Sketch zu drehen.«

»Wie hoch war das Preisgeld?«

»Sechs Millionen Dollar.«

»Für jedes Holocaust-Opfer einen.«

»Exakt. Die meisten Kandidaten wollten übrigens ins Team der Deutschen.«

»Ich gestehe: Das kommt wenig überraschend. Aber wenn ihr vor Holocaust-Witzen nicht zurückschreckt, gibt es dann überhaupt eine rote Linie für die Show?«

Segev nimmt einen Schluck vom Wasser. Für einen Moment sieht es so aus, als würde sein Gehirn sämtliche Tabuthemen der Welt durchgehen. Dann gibt er mir die gleiche Antwort, die ich zuvor schon von Yarden bekam: »Mir fällt keine ein.«

Manchmal verraten Bruchteile einer Sekunde, ob ein Gesprächspartner die Wahrheit spricht oder etwas verschweigt. Muli Segev ist ein netter, lustiger Mann, ich unterstelle ihm nichts Böses. Für meinen Geschmack hat er aber eine Sekunde zu lange überlegt, als ich ihn nach der roten Linie fragte.

Ich bin misstrauisch geworden und entschließe mich, noch eine zweite Expertenmeinung einzuholen. Sayed Kashua ist der Experte meiner Wahl, und tatsächlich, bei einem weiteren Treffen bestätigt er meinen Anfangsverdacht.

»Sie haben dir etwas verschwiegen«, sagt er und lacht.

»Glaubst du?«

»Ich weiß es. Natürlich hat in diesem Land niemand ein Problem damit, Witze über den Holocaust zu machen, es ist ja ihre eigene Tragödie, ihre eigene Katastrophe. Wenn du aber nach einem Thema suchst, worüber sie keine Scherze machen, dann hättest du sie nach einer anderen Katastrophe fragen sollen.«

»Welche meinst du?«

»Die *Nakba*, die Flucht und Vertreibung der Palästinenser nach der Gründung Israels. Darüber lacht weder deine Freundin, noch tun es die Produzenten von *Eretz Nehederet*. Dieses Thema ist ein Tabu in diesem Land, man spricht nicht darüber. Zumindest nicht, wenn man Jude ist.«

»Du tust es?«

»Selbstverständlich, ich habe das Tabu in *Awoda Aravit* gebrochen. Und wenn ich unter Arabern bin, erzähle ich sogar furchtbare Witze darüber. Nicht nur ich, viele Araber tun es, ich bin mir sogar sicher, dass selbst die Leute von der Hamas ihre eigenen *Nakba*-Scherze haben.«

»Warum glaubst du, dass die Israelis über diesen Teil der Geschichte lieber schweigen?«

»Fragst du dich gerne, warum du diesen oder jenen Fehler in deinem Leben gemacht hast? Natürlich nicht, denn das würde dein Selbstbild ins Wanken bringen. Wir Araber machen es gar nicht besser: Auch wir haben von unseren Eltern und Großeltern immer nur den arabischen Teil der Geschichte erzählt bekommen. Und hätte ich nur auf sie gehört, dann würde ich heute Abend nicht mit dir herumsitzen, sondern Qassam-Raketen auf Israel schießen. Und das fänden die Israelis bestimmt nicht witzig, glaube mir.«

»Was haben dir deine Großeltern denn erzählt?«

»Als mein Vater wenige Monate alt war, wurde sein Vater in den Kämpfen getötet. Und auch die Familie meiner Großmutter hat 1948 ihr Land verloren. An manchen Tagen war meine Großmutter deshalb so wütend auf die Juden, dass sie schrie, sie seien Lügner und keiner von ihnen sei in den Konzentrationslagern ermordet worden.«

»Du machst nicht den Eindruck, als sei das an dir hängen geblieben?«

»Zum Glück nicht. Aber es hat lange gedauert, bis ich das Schicksal meiner eigenen Familie losgelöst von dem betrachten konnte, was den Juden während des Holocausts angetan wurde. Wenn du die Geschichte deiner

Großeltern hörst, in der Schule davon aber nie die Rede ist, dann glaubst du irgendwann, dass die Israelis möglicherweise nicht nur deine, sondern auch ihre eigene Geschichte verfälscht haben könnten. In diesem Moment bist du blind für die historischen Fakten, die den Holocaust bis ins Detail belegen. Und dann beginnst du verrückte Dinge zu schreien, wie es meine Großmutter getan hat.«

Ich habe mittlerweile aufgehört mitzuzählen, wie viele Zigaretten sich Kashua während unseres Gesprächs angezündet hat. Der Aschenbecher ist bis zum Rand gefüllt, und im Raum steht der Tabakrauch so dicht wie der Smog über chinesischen Großstädten. Zumindest eines aber kann ich durch den dichten Dunst hindurch erkennen: In diesem Land sind nicht nur die jüdischen Dichter auf der Suche nach ihrer Identität. Auch ihre arabischen Kollegen drehen jeden Stein um, in der Hoffnung, ihren Platz in der Gesellschaft zu finden. Eigentlich, sagt Kashua, sollte diese Suche nichts sein, was nicht »mit einem oder zwei Schuss Whiskey« gelöst werden könne. Warum er sie auch nach vier Büchern und einer Fernsehserie zum Thema immer noch nicht abgeschlossen hat, kann er mir trotzdem nicht sagen. Am Whiskey liege es aber nicht, versichert er mir, der sei importiert.

Immerhin, er weiß, wer er nicht ist. Kashua will weder das putzige arabische Haustier noch der schludrige Billiglöhner sein. Mit einem Terroristen hat er nichts gemein, und der israelischen Regierung als Feigenblatt zu dienen kommt für ihn auch nicht infrage – von Reschid Bey ganz abgesehen. Ich habe Sympathien für Kashua, diesen suchenden Araber. Er könnte es sich auch einfach machen, sich eine Kippa aufsetzen oder »aschhadu an la-ilaha-illallah wa aschhadu anna muhammadan rasulullah« murmeln, das islamische Glaubensbekenntnis. Als Muslim, Jude oder Christ muss man sich mit derlei Fragen nicht herumärgern, die Identität kommt gemeinsam mit Koran und Bibel frei Haus.

Für Kashua ist das keine Option, »mir ist es egal, wenn Menschen zu Gott beten, aber wenn du wirklich glaubst, dass es einen muslimischen, einen jüdischen oder einen christlichen Gott gibt, dann hast du ein großes Problem«. Denn wer zu viel Zeit auf das Lesen von heiligen Büchern verschwende, fantasiere irgendwann von Kategorien wie der »Arabischen Arbeit« oder dem »Jüdischen Humor«. Beide aber gibt es nicht, glaubt Kashua. »Was sie ›Jüdischen Humor‹ nennen, ist doch nur der Humor der Minderheiten. Es ist der Humor, den man entwickelt, wenn man versucht zu überleben«, sagt er und geht bettelnd vor mir in die Knie: »Bitte, bitte erschieße mich nicht, dann erzähle ich dir einen Witz.« Und was die Arbeit angehe, habe er nicht nur einmal Rechnungen von schlampigen jüdischen Handwerkern bezahlt, für die sich so mancher arabischer Handwerker geschämt hätte.

»Ich glaube zwar nicht, dass Theodor Herzl so brillant war, wie sie in diesem Land immer tun. Aber es gibt eine naive Idee, die Herzl und ich gemeinsam haben – dass wir Menschen sind und das Land miteinander teilen sollten. Das funktioniert aber nicht, solange wir auf Imame und Rabbis hören, die uns erzählen, wie sehr wir uns angeblich voneinander unterscheiden. Und die uns den Weltuntergang prophezeien, wenn wir es wagen, diese Gegensätze zu überwinden.« Kashuas Worte klingen so zuckersüß wie die Brunftrufe des röhrenden Hirschs in Herzls kitschiger Alpenheimat. Recht hat er trotzdem.

Man muss die Prediger zum Teufel jagen, die uns die Hölle versprechen.

Und vielleicht hat Kashua doch mehr Gemeinsamkeiten mit Herzl, als er denkt. Es war kein Zufall, dass Herzl im *Judenstaat* das Wort »Gott« kein einziges Mal erwähnte. In *Altneuland* werden jüdische Traditionen und religiöse Riten zwar angesprochen, aber er nutzte sie wie eine Prise Salz, die, vorsichtig dosiert, der faden Suppe zur Köstlichkeit verhilft. In einem Brief an den Wiener Rabbiner Moritz Güdemann schrieb Herzl: »Mein Judentum war mir gleichgültig; sagen wir: es lag unter der Schwelle meines Bewusstseins.« Erst der allgegenwärtige Antisemitismus in der Gesellschaft habe aus ihm das Judentum »gewaltig hervorgepresst«. Das habe mit »Frömmelei nichts zu tun. Ich bin bei aller Pietät für den Glauben unserer Väter kein Frömmler und werde es nie sein.« Herzl wusste, dass das Leben beginnt, wenn der Gottesdienst endet. Und Herzl wusste auch, dass man sich die Mahlzeit verdirbt, wenn man es mit dem Salz übertreibt.

Manchmal übertreiben sie es in Israel, und Kashua ist es mittlerweile leid, eine Suppe auszulöffeln, die er sich selbst nicht eingebrockt hat. »Manchmal denke ich darüber nach, mal etwas anderes zu schreiben, vielleicht ein Buch über die Ming-Dynastie im chinesischen Kaiserreich.« Die Suche nach der Identität, sie ist ermüdend. Es gäbe nur zwei Situationen in seinem Leben, sagt er, in der er sich dieser voll und ganz sicher sei: wenn er an Bord eines Flugzeuges sitze. »Wenn die Räder des Flugzeugs die Bodenhaftung verlieren«, dann, und nur dann »werde ich zum Muslim und beginne mit dem Beten.« In die zweite Situation gerät er, wenn das Flugzeug wieder gelandet und die Anschnallzeichen an der Deckenleiste erloschen sind. »Es gibt nichts auf der Welt, was Israelis mehr hassen, als in einer Schlange anzustehen«, sagt Kashua. Weil die Passkontrolle ihnen aber genau dieses Martyrium abverlangt, begeben sie sich schon im Landeanflug in die Startposition, um beim anschließenden Sprint vom Flugzeug zu den Grenzwächtern möglichst vorne in der Schlange zu landen. »Dann, und nur dann werde auch ich zum Israeli.«

Immerhin, denke ich mir, und verabschiede mich mit einem »Ma'a Salama« in die Nacht.

4.
Wie mich Yuval Steinitz einmal beinahe verhungern ließ

Die Sache mit dem Käse

Zwanzigtausend Wörter spricht ein Mensch durchschnittlich am Tag, haben Wissenschaftler herausgefunden. Bei Yuval Steinitz ist es anders, der hat dieses Pensum schon ausgeschöpft, noch bevor er morgens am Frühstückskaffee nippt. Mir kam der Redeschwall des israelischen Finanzministers ganz gelegen, als ich an einem Nachmittag im Juni 2011 in seinem Büro in Jerusalem saß – denn Steinitz' Bandwurmsätze übertönten das laute Grummeln in meinem Bauch. Sowohl Frühstück als auch Mittagessen hatte ich an diesem Tag ausfallen lassen, was zur Konsequenz hatte, dass mein Magen nun knurrte wie ein zorniger Rottweiler.

Und es sollte nicht besser werden. Nach einigen Minuten betrat seine Assistentin das Büro, ein Tablett in ihren Händen. Als sie den Raum wieder verlassen hatte, stand vor Steinitz ein Teller mit sechs Broten, allesamt waren sie üppig bestrichen mit Avocado-Creme. Für einen Moment versuchte ich mit nonverbalen Zeichen auf meine elende Versorgungslage aufmerksam zu machen – sehnsüchtig schielte ich auf den Brotteller des Ministers. Doch meine Anstrengungen waren vergebens.

Weil mich der Minister nicht abbeißen ließ, schwieg ich und begnügte mich mit dem Zusehen. Und dem Zuhören. Denn wie sich herausstellte, zügelte die Avocado-Creme in den Mundwinkeln des Ministers keineswegs sein Mitteilungsbedürfnis. Steinitz sprach über die Nachwehen der Französischen Revolution, die Vorteile von »biannuellen Haushaltsplänen« und sehr viele andere Dinge noch, die ihm auf dem Herzen lagen.

Appetit und Entbehrung waren in diesen Tagen dabei Dinge, die nicht nur mich, sondern ganz Israel umtrieben. Drei Wochen bevor mich Steinitz beinahe verhungern ließ, war im Land gerade das losgebrochen, was später als *Charam HaCottage*, als »Hüttenkäse-Boykott«, in die Geschichte eingehen sollte. 2010 hatte die Regierung in Jerusalem die staatlichen Preisbeschränkungen für Milchprodukte aufgehoben, was fatale Konsequenzen für die israelischen Konsumenten hatte. Für einen Becher Hüttenkäse mussten in diesem Sommer umgerechnet gut zwei Euro bezahlt werden – was doppelt so viel war wie noch im Jahr zuvor. Im Juni 2011 protestierten daraufhin zornige junge Frauen und Männer gegen den Preisanstieg und riefen zum Kaufboykott auf. In wenigen Wochen schlossen sich mehr als hunderttausend Israelis dem Aufruf an und ignorierten fortan die Käsebecher in den Kühlregalen der Supermärkte. Hüttenkäse, das sei dazugesagt, hat für Israelis den gleichen Stellenwert, den Shepherd's Pie für die Briten oder Froschschenkel für die Franzosen hat. Der Käse ist mehr als nur ein Nahrungsmittel, der Israeli isst ihn nicht einfach nur, er ist stolz darauf, ihn auf die Stulle zu schmieren.

»Es gibt einen traditionellen Stolz auf Israels Kühe, Stolz auf die Milch und Stolz auf die Fähigkeit, sie in Käse zu verwandeln«, fasste es Zal Gurevitch, Soziologe an der Hebräischen Universität von Jerusalem, in einem Interview mit der Zeitung *Forward* zusammen. Denn während es den Zionisten mit vergleichsweise geringer Überzeugungsarbeit gelang, die Moisches, Sarahs und Davids aus ihren galizischen Schtetln nach Palästina zu locken, war es der gewöhnlichen Milchkuh auf der Schwäbischen Alb nur schwer zu vermitteln, warum sie ihr Leben auf fruchtigen Wiesen für ein staubtrockenes Dasein im Nahen Osten eintauschen sollte. Dass man es dennoch geschafft hat, Kühe zum Zionismus zu bekehren, lässt die Nachfahren von Herzl, Jabotinsky und Ben-Gurion heute die Brust voller Stolz anschwellen.

Mit dem Preisanstieg wurde dieses Nationalmahl nun zum Luxusgut. Ein Affront in dem Staat, der sich auf die Fahne geschrieben hatte, Heimat für alle Juden zu sein: für arme und reiche gleichermaßen. Innerhalb weniger Wochen kochten die Käseproteste derart hoch, dass sich sogar Arik Schor, Chef von Tnuva, des größten Milchprodukteherstellers des Landes, zu einer Entschuldigung an das Volk Israel veranlasst sah. Reuig versprach er ihnen eine Preissenkung um zwanzig Prozent.

Doch da war es schon zu spät. Die Proteste beschränkten sich nun nicht mehr allein auf den Hüttenkäse. Die Israelis entdeckten, dass auch andere Lebenshaltungskosten im internationalen Vergleich hoch lagen. Die Bürger beließen es nun nicht mehr beim Käseboykott, sondern gingen in den kommenden Wochen zu Hunderttausenden auf die Straßen. Egal ob in Eilat, Haifa oder Aschdod: Überall im Land demonstrierten Menschen gegen die Wirtschaftspolitik der Regierung.

Finanzminister Steinitz verstand in diesen Tagen die Welt nicht mehr, statt Proteste hatte er auf Zuspruch spekuliert. Denn während in Europa die Eurokrise wütete, konnte sein Ministerium Quartal für Quartal gute ökonomische Kennzahlen vermelden. Die Arbeitslosigkeit lag auf einem Rekordtief, das Wirtschaftswachstum war ordentlich und die Staatsverschuldung erträglich. Die Aufregung seiner Landsleute konnte er daher nicht nachvollziehen: »In Europa zittern sie vor dem Staatsbankrott, hier protestieren sie wegen der Hüttenkäse-Preise. Das zeigt doch, wie gut es unserer Wirtschaft geht!«, sagte er trotzig zu mir und biss hungrig ins Avocado-Brot.

Doch Steinitz hätte die Proteste ein bisschen ernster nehmen sollen, denn wenige Monate später wurde in Israel ein neues Parlament gewählt. Er zog zwar erneut ins Kabinett ein, musste das Finanzministerium aber verlassen und wurde stattdessen zum Minister für Internationale Beziehungen und Strategische Affären ernannt, besser: degradiert; denn so genau wusste in Israel niemand, welche Aufgaben sich hinter diesem wohlklingenden Ministertitel verbargen. Immerhin, viel reden durfte er auch in seinem neuen Amt, es hörte nur niemand mehr zu.

Die Milky-Revolution

Am Ende wird alles gut, und wenn es nicht gut wird, ist es nicht das Ende: Auch ohne Steinitz im Amt gaben die Israelis weiterhin astronomische Summen für ihren Käse, ihre Mieten und ihre Finanzämter aus. Und weil im eigenen Land Milch und Honig nicht flossen, richteten sie ihre Blicke neidisch aufs Ausland. Genauer noch: auf Berlin. In der vergangenen Dekade verging kaum ein Tag, an dem israelische Zeitungen und israelische Fernsehsender nicht über das vermeintlich süße, vor allem aber günstige Leben in der deutschen Hauptstadt berichtet hätten. Definitiv kein einziger Tag verging, an dem Berlin nicht Gesprächsthema unter israelischen Jugendlichen,

Erwachsenen und Greisen war. Vom Preis für Käse in deutschen Supermarktketten über den Berliner Mietspiegel bis hin zum teutonischen Grenzsteuersatz – innerhalb kürzester Zeit entwickelten die Israelis ein bemerkenswertes Wissen über die volkswirtschaftlichen Rahmendaten der Bundeshauptstadt. Zehntausende von ihnen beließen es dabei nicht bei den Blicken, sondern flogen gleich hin: 2014 waren Israelis neben Amerikanern die zweitgrößte ausländische Besuchergruppe in der deutschen Kapitale.

Bisweilen nahm die Begeisterung für Berlin bizarre Züge an. Yarden etwa beschloss vor einigen Jahren – es war ein Freitagmorgen –, dass es an der Zeit für eine neue Sonnenbrille sei. Beim Optiker angekommen, war die Auswahl reich: Prada-Brillen mit Vollrandfassungen lagerten neben Gucci-Gestellen mit Tragrandfassungen in den Regalen. Doch Yarden ignorierte all die großen Namen der Modewelt und griff stattdessen zu einem Modell der Marke »Carolina Lemke Berlin«. Das ganze Land war in diesen Tagen mit Werbeplakaten der Firma tapeziert – und die Reklame hatten offensichtlich auch Yardens Aufmerksamkeit auf sich gezogen. Berlin trage die Nachricht von urbaner Erneuerung, von einem Aufbruch in der Architektur, der Musik und der Mode in die Welt, dichtete das Unternehmen damals in der Selbstbeschreibung. Yarden erlag der werberischen Lyrik, ließ siebenhundert Schekel von ihrer ohnehin hoffnungslos überzogenen Kreditkarte abbuchen und sah die Welt fortan durch die Brillengläser von Carolina Lemke.

Während Carolina und Yarden einen Sommer lang unzertrennlich waren, beäugte ich den vermeintlich deutschen Augenschutz mit Skepsis. Zu Recht, wie sich bei einem Anruf bei der Firma herausstellen sollte. Weder Gläser noch Rahmen der Brillen waren jemals in der deutschen Hauptstadt gewesen, sondern in China produziert und dort auch montiert worden. Die Entwürfe wiederum stammten von israelischen Designern, und selbst die Eigentümerstruktur der Firma war koscher: Zu den Anteilseignern zählte sich auch das israelische Mannequin Bar Refaeli. Ich habe es freilich nie übers Herz gebracht, Yarden von diesem Schwindel zu berichten; Yarden liebte Carolina und trug die Brille bisweilen noch lange nach Sonnenuntergang auf ihrer Nase.

An Schwindel dachten die Israelis zunächst auch, als Naor Narkis im Oktober 2014 ein Foto des Kassenzettels im Internet veröffentlichte, der seinen Einkauf in einer Berliner Filiale der Supermarktkette Aldi dokumentierte. Neben Bio-Eiern, Käseaufschnitt, Hähnchenschnitzel, Orangensaft sowie Brot und Pasta hatte der junge Israeli auch drei Packungen Schokopudding gekauft und alles in allem sechzehn Euro und sechs Cent bezahlt – inklusive Umsatzsteuer. Besonders der Puddingpreis, neunzehn Cent pro Becher, versetzte die Israelis in ungläubiges Staunen. Über Wochen hinweg war der Preis deutscher Pudding-Becher das einzige Thema, mit dem man sich im Land der Juden auseinandersetzte.

Aus gutem Grund, wie Narkis dachte: Wenn Israelis in Berlin landen, überkomme sie ein Schock, sagte er dem TV-Sender Arutz Eser. »In Berlin muss ich nicht zwei Mal darüber nachdenken, bevor ich eine Packung Hähnchenschnitzel in den Einkaufswagen lege.« Es sei eine völlig andere Welt, sagte er. Und ermutigte gleichzeitig seine Landsleute dazu, es ihm gleichzutun und ins Pudding-Paradies Berlin überzusiedeln. Die »Milky-Revolution«, so nannten es die israelischen Medien, spaltete das Land: Die einen sahen in Narkis einen Volkshelden; einen jungen Mann, der es gewagt hatte, seinen Finger in die quälende Wunde zu legen. Andere wiederum konnten in dem jungen Mann einzig einen Verräter erkennen. Zu Letzteren gehörte Yair Lapid, der Nachfolger von Yuval Steinitz im Amt des Finanzministers. Wer wie Narkis den Puddingpreis ausnutze, um andere zur Auswanderung anzustacheln, sei ein »Antizionist«, wetterte der Minister erbost.

Stav Shaffir und der wahre Zionismus

Nein, eine Zionistin sei sie nicht, verriet mir Stav Shaffir im November 2013. Das habe nichts mit mangelndem Respekt vor Herzl, Ben-Gurion oder anderen Größen der zionistischen Revolution zu tun, sondern damit, dass der Zionismus nicht mehr sei, was er früher einmal war. »Der Zionismus ist zu einer Chiffre für die Siedlerbewegung, für rechtskonservative Politik verkommen«, schimpfte sie. Weder für das eine noch für das andere konnte sich die Knesset-Abgeordnete der Arbeiterpartei erwärmen. Im Parlament saß Shaffir erst seit einigen Monaten. Siebenundzwanzig Jahre alt war sie, als die Israelis sie gewählt und damit zur jüngsten Volksvertreterin in der Geschichte des Staates gemacht hatten. Doch Shaffir war in diesen Tagen nicht nur die jüngste, sondern wahrscheinlich auch die zornigste Abgeordnete: Der Regierung von Premierminister Benjamin Netanyahu warf sie während unseres Treffens abwechselnd Korruption, Vetternwirtschaft und Inkompetenz vor. »Sie nehmen unser Geld und sagen, dass sie es brauchen, um das Land vor Terroristen zu schützen. Aber sie lügen, sie stehlen es und schenken es ihren Siedlerfreunden im Westjordanland.«

Ihren Einzug ins Parlament hatte Shaffir dem Hüttenkäse zu verdanken. Jahrelang schon sei sie eine »Aktivistin« gewesen, habe gegen alles demonstriert, was im Judenstaat schieflief, und gegen jeden, den sie dafür verantwortlich hielt. Mit wenig Erfolg gleichwohl: »Wir gingen demonstrieren und hielten unsere Schilder hoch. Aber sobald wir wieder weg waren, war es das. Wir hatten das Gefühl, dass sich niemals etwas ändern würde.« Zumindest bis zu dem Tag, als das Land vom kollektiven Käsezorn heimgesucht wurde: »Ich war überwältigt, als die Proteste losbrachen. Erst gingen zehn Menschen auf die Straße, dann hundert, und plötzlich standen dort hunderttausend Menschen. Ich war mir sicher: Diesmal werden wir etwas bewegen.«

Shaffir war unter den ersten fünf, die den Protest auf die Straßen trugen. Ihr Mitbewohner stellte sie an einem Nachmittag im Sommer 2011 einer Gruppe anderer Aktivisten vor, die neben den Käsepreisen auch die hohen Mietkosten für die Dauerebbe in israelischen Portemonnaies verantwortlich machte. Was nach Angaben des Statistikamtes auch zutraf: Rund vierzig Prozent ihres Gehalts verwendeten die Bürger jeden Monat darauf, das Dach über ihren Köpfen zu finanzieren. Erneut schielte Israel neidisch Richtung Berlin, wo die Mieten im Schnitt gerade mal um die zwanzig Prozent des Monatsbudgets in Anspruch nahmen.

Doch was sollten sie dagegen unternehmen? Die Gruppe holte Zelte aus dem Keller und lief zum Rothschild Boulevard. Auf der Flaniermeile von Tel Aviv angekommen, schlugen die Aktivisten ihre Zelte auf und kündigten an, so lange dort ausharren zu wollen, bis, wie Shaffir es ausdrückte, die »Regierung endlich macht, was ihre Aufgabe ist«.

Die Regierenden in Jerusalem ihrerseits unterschätzten zunächst, was an diesem Sommertag in Tel Aviv begann: »Sie haben uns als einen Haufen verwöhnter Kinder aus besserem Haus abgetan, uns als Sushi-Esser verspottet.« Was so falsch nicht war: Anfangs wurden die Zeltproteste tatsächlich von Kindern der Mittelschicht getragen, es waren vornehmlich Studenten und hauptberufliche Aktivisten wie Shaffir, die sich auf dem Boulevard eingerichtet hatten. Mit der Zeit aber gesellten sich auch Arbeiter, Angestellte und Arbeitslose zu ihnen: »Wir haben eine Menge Konflikte in unserem Land. Die Säkularen streiten sich mit den Religiösen, die Linken mit den Rechten und die Araber mit den Juden. All diese Konflikte aber traten in diesen Tagen in den Hintergrund, für einen Moment waren wir in unserem Protest geeint.«

Shaffir tat das, was sie am besten konnte: Sie reiste durchs Land, knüpfte Kontakte und koordinierte die Proteste. Innerhalb weniger Wochen wurde sie zu einer Führerin der Bewegung. In einem der Zeltcamps im Süden des Landes beteiligte sich auch eine kleine Gruppe Obdachloser an den Protesten. »Ich weiß, man hält mir vor, dass ich aus privilegierten Verhältnissen stamme«, sagte sie, »und es stimmt schon, ich musste niemals hungern oder frieren. Aber für diese Leute waren unsere Zelte das einzige Dach, unter das sie schlüpfen konnten.« Shaffir verhandelte mit der Stadtverwaltung, wollte eine Lösung für diese Familien finden. Zu einer Einigung aber kam es nicht. Stattdessen schickte die Stadt die Polizei: Die Zelte wurden abgebaut und Stav Shaffir abgeführt. »Bin ich etwa eine Kriminelle?«, fragte sie mich.

Nein, ein Al Capone ist Stav Shaffir nicht. Kein Ganove und auch kein Straßenschläger. Eine kleine Nervensäge ist sie aber bisweilen schon. Sie weiß es immer ein bisschen besser und zögert niemals damit, das ihrem Gegenüber deutlich zu machen. Nur ein einziges Mal während unseres Gesprächs gelang es mir, den Redefluss der Abgeordneten zu stoppen und sie in Zweifel zu stürzen.

Was wohl Theodor Herzl zu den Zeltlagern und Protestmärschen gesagt hätte, fragte ich Shaffir.

»Puh.« Sie schluckte, sie schwieg. Es sei viel Zeit vergangen, seit sie das letzte Mal einen Blick in seine Bücher geworfen habe. »Ich bin mir nicht sicher, aber ich glaube, er hätte mit uns protestiert.« Warum sie das glaubte, wollte sie indes nicht weiter ausführen. »Ist halt so.«

Anderthalb Jahre später hatten sich sämtliche ihrer Zweifel auf wundersame Weise verflüchtigt; Shaffir wusste Theodor Herzl plötzlich ganz sicher auf ihrer Seite. Im Januar 2015 stand sie am Rednerpult der Knesset und warf der Regierung von Netanyahu, Steinitz und Lapid auf ein Neues vor, die Siedler im Westjordanland auf Kosten der Peripherie finanziell bevorzugt zu haben. »Und kommt mir nicht mit Zionismus«, schleuderte sie ihnen entgegen, »wahrer Zionismus bedeutet, liebe Freunde, dass man das Budget unter allen Bürgern aufteilt. Wahrer Zionismus bedeutet, dass man sich Gedanken über die schwächsten Teile der Gesellschaft macht. Wahrer Zionismus bedeutet Solidarität.«

Es dürfte nur wenige verwundern, dass es im Land der wandelnden Ausrufezeichen noch andere Vorstellungen vom »wahren Zionismus« gibt. Etwa die von Premierminister Benjamin Netanyahu. Der hatte bereits zwei Jahre zuvor in einer Rede über die Visionen der zionistischen Gründungsväter sinniert und Herzl für seine eigene politische Agenda vereinnahmt – und kam dabei zu gänzlich anderen Ergebnissen hinsichtlich des »wahren Zionismus« als Stav Shaffir. Die israelische Volkswirtschaft müsse sich öffnen, müsse mehr Wettbewerb zulassen und die Monopole abschaffen, forderte der Premierminister damals. »Wir haben eine sehr zentralisierte Wirtschaft geschaffen, die nicht in Einklang mit Herzls Visionen steht«, sagte er.

Der dritte Weg

Doch genug von Shaffir, genug von Netanyahu, welche Gesellschaft schwebte Theodor Herzl vor? Anders als es Shaffirs zornige Knesset-Rede über den »wahren Zionismus« vermuten lässt, war Herzl weder ein dogmatischer Marxist noch ein sozialistischer Utopist. Schon in der Einleitung zum *Judenstaat* stimmt Herzl Lobeshymnen auf das Unternehmertum an: »Alle materielle Wohlfahrt ist durch Unternehmer verwirklicht worden. Man schämt sich beinahe, eine solche Banalität niederzuschreiben«, heißt es dort. Noch deutlicher wird er einige Kapitel später. Einen Bauern- und Arbeiterstaat, wie ihn sich die damals dominante sozialistische Fraktion unter den Zionisten wünschte, wollte er um jeden Preis verhindern: »Wir sind nur dort Kollektivisten, wo es die ungeheueren Schwierigkeiten der Aufgabe erfordern. Im übrigen wollen wir das Individuum mit seinen Rechten hegen und pflegen. Das Privateigentum, als die wirtschaftliche

Grundlage der Unabhängigkeit, soll sich bei uns frei und geachtet entwickeln.« Würde er heute noch unter uns weilen – die Sozialisten unter den Zionisten hätten sich wohl zweimal überlegt, ob sie einen Koalitionsvertrag mit dem Österreicher abgeschlossen hätten.

Allerdings würde wohl auch Benjamin Netanyahu zögern, Theodor Herzl in sein Kabinett zu berufen. Denn trotz seiner Bekenntnisse zum Privateigentum und zum Unternehmertum war Herzl keineswegs ein Marktliberaler. Als Zeuge der Industriellen Revolution konnte er zwar mit eigenen Augen beobachten, wie Dampfmaschinen und Eisenbahnen den Wohlstand in Europa wachsen ließen. Gleichzeitig aber blieben ihm auch die Schattenseiten dieses Aufschwungs nicht verborgen. Sein Vater hatte während des Gründerkrachs von 1873 große Teile des Familienvermögens an der Wiener Börse verloren und damit das Vertrauen des jungen Herzl in die Stabilität der Märkte erschüttert.

Für den Judenstaat suchte er deshalb nach einem anderen, einem dritten Weg: »Der Einzelne wird bei uns weder zwischen den Mühlsteinen des Kapitalismus zermalmt noch von sozialistischer Gleichmacherei geköpft. Wir kennen und schätzen die Entwicklung des Individuums, so wie wir seine wirtschaftliche Basis, das Privateigentum, respektieren und schützen.« Wie dieser dritte Weg aussehen sollte, skizzierte Herzl in seinen Tagebüchern. Den Zionisten versprach er darin alle Annehmlichkeiten, die mit der kapitalistischen Revolution schon in Europa Einzug gehalten hatten. »Die Verpflanzung der grossen Kaufhäuser liefert sofort alle nöthigen und unnöthigen Waaren, wodurch die Städte in kürzester Zeit bewohnbar werden.« Einen Tag zuvor hatte er sein Tagebuch auch wissen lassen, welche Waren er persönlich für absolut unverzichtbar hielt: »Salzstangel, Kaffee, Bier, gewohntes Fleisch etc. sind nicht gleichgültig. Moses vergass die Fleischtöpfe Egyptens mitzunehmen. Wir werden daran denken.«

Um die Fleischtöpfe aber zu füllen, das war Herzl klar, bedurfte es einer wirtschaftsfreundlichen Politik: »Der Unternehmungsgeist soll auf jede Weise gefördert werden«, schrieb er. »Die Einrichtung von Industrien wird durch eine vernünftige Zollpolitik, Zuwendung billigen Rohmaterials und durch ein Amt für Industriestatistik mit öffentlichen Verlautbarungen begünstigt.« Doch der Österreicher wollte nicht nur fördern, er forderte auch: Immer um Ausgleich bemüht, folgte auf jedes seiner unternehmerfreundlichen Worte ein anderes, das den Unternehmer in die Pflicht nahm. Die Begünstigung dürfte »natürlich keine Bedingungslose sein«, heißt es wenige Sätze weiter. »Der Unternehmer muss von vorneherein die Gewinnbetheiligung und Altersvorsorgung, gleichwie die Erziehung der Kinder seiner Angestellten (soweit wir hier hierfür nicht staatliche Vorkehrungen haben) garantiren.«

Mit dem gleichen Eifer, mit dem Herzl bereits die Wirtschaftspolitik angegangen war, wendete er sich auch der Fiskalpolitik zu: »Einzelne Steuern wird der Staat nicht für sich einheben, sondern zur zwanglosen Ausgleichung von Armuth und Reichthum«, schrieb er. »Wir können die wirthschaftlichen Unterschiede nicht aufheben. Wären wir die Schwärmer, es zu wollen: sie würden Morgen neu entstehen. Aber einen sittlichen Zusammenhang können wir zwischen den Freuden der Einen und den Leiden der anderen herstellen.« Bis ein jüdisches Finanzamt erstmals Steuern von seinen Bürgern einzog, sollten zwar noch gut fünfzig Jahre vergehen. In Herzls Schublade schlummerten dennoch bereits bis ins Detail ausgearbeitete Steuerpläne: »Die Vergnügungssteuer, besteht so in Frankreich, wird den Spitälern zugeführt. Die Mitgiftsteuer dient zur Versorgung armer Mädchen, die man vergessen hat zu heiraten, weil sie kein Geld haben.«

Arme Mädchen und kranke Menschen – die Sorge um die Schwächsten in der Gesellschaft trieb Herzl wahrlich um. Wäre es nach ihm gegangen, hätte sich der Judenstaat den Kampf für soziale Gerechtigkeit auf die Fahne geschrieben. Im wahrsten Sinne des Wortes: »Ich denke mir eine weisse Fahne mit sieben goldenen Sternen«, schrieb er ins Tagebuch. »Das weisse Feld bedeutet unser neues reines Leben, und die sieben Sterne: dass wir im Zeichen der Arbeit unsere Existenz begründen wollen.«

Die Zahl Sieben war mit Bedacht gewählt, denn während der Industriellen Revolution waren bis zu sechzehn Stunden lange Arbeitstage keine Seltenheit, sondern die Regel. Erst in der zweiten Hälfte des 19. Jahrhunderts formierte sich unter den Arbeitern Widerstand. 1847 gelang den Gewerkschaften in Großbritannien mit der Unterzeichnung des »Factory Act« ein erster, bescheidener Erfolg: Per Gesetz wurde der Zehnstundentag festgezurrt. Herzl aber wollte noch mehr: »Der Normalarbeitstag ist der Siebenstundentag!«, versprach er den Zionisten im *Judenstaat*. »Dreieinhalb Stunden hindurch kann ein gesunder Mann sehr viel konzentrierte Arbeit hergeben. Nach dreieinhalb Stunden Pause – die er seiner Ruhe, seiner Familie, seiner geleiteten Fortbildung widmet – ist er wieder ganz frisch. Solche Arbeitskräfte können Wunder wirken.« Theodor Herzl war ein Berufsrevolutionär – und seiner Zeit bisweilen weit voraus.

Ein bisschen ist es dann auch so geworden: Auf der israelischen Flagge prangt heute zumindest *ein* Stern, und das israelische Arbeitsgesetz sieht für Arbeiter und Angestellte den Achtstundentag vor. Mit einer unternehmerfreundlichen und wettbewerbsfreudigen Politik hingegen taten sich die Israelis zunächst schwer. So waren in den sechziger Jahren zeitweise mehr als achtzig Prozent der israelischen Beschäftigten im Gewerkschaftsverbund organisiert, der Histradut (Akronym für »Allgemeine Arbeitervereinigung von Israel«). Die Histradut wiederum hielt Mehrheitsbeteiligungen an allen großen Industrie- und Handelsunternehmen des Landes. Kein Produkt kam in diesen Tagen auf den Markt, und kein Mitarbeiter wurde angestellt oder gefeuert, ohne dass die mächtigen Gewerkschaftsbosse vorab angehört wurden.

Auch sonst war das Heilige Land eine Hölle für Anhänger der freien Marktwirtschaft: Um die Wirtschaft vor ausländischen Konkurrenten zu schützen, baute die Regierung hohe Zollbarrieren um die Schlüsselindustrien des Staates. Ende der sechziger Jahre etwa mussten auf importierte Textilwaren Zölle in Höhe von zweihundertsiebenunddreißig Prozent des Kaufpreises gezahlt werden. Für die israelischen Konsumenten hatte dieser Flirt mit dem Sozialismus ähnliche Konsequenzen wie für die Bürger der DDR. Radios, Fernsehgeräte oder Autos gab es erst nach langen Wartezeiten, und auch das Angebot an Alltagskonsumgütern war begrenzt: »Alles war rationiert. Wir hatten ein Coupon-Buch, jede Woche gab es ein Ei und lange Schlangen«, zitiert die amerikanische Journalistin Donna Rosenthal in ihrem Buch *Die*

Israelis einen russischen Einwanderer in den fünfziger Jahren. Doch auch wenn die Warenauswahl in diesen Jahren begrenzt gewesen sein mag, findet man kaum einen Israeli über fünfzig, der nicht wehmütig von diesen Zeiten schwärmt. Denn weil ausnahmslos alle von der Hand in den Mund lebten, war das tägliche Elend vergleichsweise gut zu ertragen.

Letztlich aber hatte das sozialismusverliebte Wirtschaftssystem des jungen Staates ein Problem: Es funktionierte nicht. Wer in den achtziger Jahren von Haifa nach Eilat fahren wollte, tat gut daran, sich gegen den Bus und für ein Taxi zu entscheiden. Der Grundpreis wäre im Bus zwar deutlich günstiger gewesen; weil die Taxifahrt aber erst am Zielort, die Busfahrt aber bereits beim Einsteigen bezahlt werden muss, hätte man nach fünf Stunden Taxifahrt deutlich weniger bezahlen müssen. Eine Hyperinflation ließ Bürger und Regierende verzweifeln. 1980 entwertete der Schekel um hundertdreiunddreißig Prozent, 1983 waren es bereits hunderteinundneunzig Prozent und ein Jahr später gar vierhundertfünfundvierzig Prozent. Erst 1985 gelang es Premierminister Shimon Peres, die Geldentwertung zu stoppen. Er verabschiedete ein Reformpaket, mit dem der Preisverfall gestoppt werden konnte. Allerdings brach Peres bei dieser Gelegenheit auch mit dem Traum der israelischen Linken vom Wohlfahrtsstaat. Die Histradut wurde entmachtet, die Märkte liberalisiert, eine kühle Prise Kapitalismus wehte durch den Judenstaat.

»Israel war früher ein Land mit einem engmaschigen sozialen Netz und hohen Transferzahlungen an die Geringverdiener«, erklärte mir Karnit Flug an einem Nachmittag im August 2014 in Jerusalem. Von ihrem Büro aus konnte die gebürtige Polin nicht nur die Stadt überblicken, sondern hatte auch eine exzellente Aussicht auf das Finanzministerium. Ein knappes Jahr zuvor hatte Premier Benjamin Netanyahu die gebürtige Polin zur Gouverneurin der israelischen Zentralbank gemacht. »Viel ist von diesem Wohlfahrtsstaat nicht übrig geblieben, durch politische Reformen ist das Netz in den vergangenen Jahren löchrig geworden.« Lag Stav Shaffir also richtig, war früher alles besser? Flug schüttelte den Kopf: »Ganz so einfach ist es nicht. Beides, der Lebensstandard wie auch der Wohlstand, sind in Israel seit der Staatsgründung mit einer enormen Geschwindigkeit gewachsen.« Gleichzeitig sei aber auch die Verteilung der Vermögen und Einkommen ungleicher geworden, so Flug. Die israelischen Tumulte um Hüttenkäse, Mieten und Milky-Puddings seien letztendlich die Nachwirkung dieser Entwicklung. »Die Israelis erinnern sich an die Zeiten, als niemand viel besaß und das wenige unter den vielen verteilt wurde. Von daher ja, es stimmt schon: Israel in den fünfziger oder sechziger Jahre war ein solidarischeres, ein wärmeres Land.«

Auch Jahrzehnte später haben die Israelis diese Wärme nicht vergessen. Haben nicht vergessen, dass es die Kibbuzim und Moschawim waren, in denen Menschen von der klassenlosen Gesellschaft träumten und den Grundstein für den modernen Judenstaat legten. Ohne Solidarität, ohne den Enthusiasmus der vom Sozialismus beseelten Kibbuzniks wäre das zionistische Projekt wohl noch vor der israelischen Staatsgründung gescheitert. Wahr ist aber auch, dass es den Judenstaat heute wohl nicht mehr geben würde, hätten die Israelis an ihrer Utopie vom Bauern- und Arbeiterstaat festgehalten. Erst als die Israelis den schwerfälligen, ineffizienten Wohlfahrtsstaat zu Grabe getragen hatten, setzte eine beispiellose wirtschaftliche Entwicklung ein. Innerhalb von drei Jahrzehnten gründeten die Israelis Tausende neue Firmen, das Bruttoinlandsprodukt verdoppelte sich, und das Land wurde von ausländischen Investoren überrannt.

2010 schließlich folgte die Krönung dieses Wirtschaftswunders, der Judenstaat wurde Mitglied in der Organisation für wirtschaftliche Zusammenarbeit und Entwicklung (OECD), dem exklusiven Club der Industriestaaten. Doch bei allem Erfolg – Israel war seither nicht nur einer der OECD-Staaten mit dem höchsten BIP-Wachstum, sondern auch das OECD-Mitglied mit der höchsten Armutsquote. Rund 9,3 Prozent der Bevölkerung, das berichtete die OECD 2014, habe jeden Monat zu wenig Geld, um genügend Lebensmittel einzukaufen. Kein Wunder also, dass man sich in Israel bisweilen in die Zeiten zurücksehnt, in denen das Land noch keine kapitalistische Wirtschaftsmacht war. Denn es liegt in der Natur von kapitalistischen Wirtschaftsmächten, dass es dort immer etwas kühler zugeht.

Ein bisschen von dieser Wärme, der israelischen Fürsorge aber ist geblieben, wie ich einmal im Supermarkt zu spüren bekam. Neben Brot und Wein hatte ich auch eine Packung Hüttenkäse auf das Band gelegt. Als ich dann an der Reihe war, weigerte sich die Kassiererin allerdings, mir den Käse zu verkaufen. »Du kommst nicht von hier, eh?«, fragte sie mich. Ihr Akzent ließ vermuten, dass sie selbst den ersten Tag ihres Lebens wohl nicht in Sderot, sondern eher in Sankt Petersburg verbracht hatte.

Noch bevor ich antworten konnte, hatte sie die Kasse geschlossen und schlurfte zum Kühlregal. Als sie zurückkam, hielt sie eine Packung Käse einer anderen Firma in der Hand. »Nimm den«, legte sie mir im fürsorglichen Imperativ nahe, »der ist billiger und schmeckt viel besser.« Noch bevor ich zustimmen konnte, hatte sie den Käse über die Kasse gezogen und blaffte: »Macht sechzig Schekel und fünfundvierzig Agorot.« Ich bedankte mich und zahlte.

5.
Warum Ester Levanon sauer auf Mose ist

Eine unverhoffte Entdeckung

»Platsch« – das dürfte das Geräusch gewesen sein, das Archimedes hörte, als ihn eine der bahnbrechendsten Erkenntnisse der Physik ereilte. Beim Gang in die Badewanne war dem Griechen aufgefallen, dass der Wasserschwall, der ihm beim Einsteigen in die Wanne entgegenschwappte, identisch mit dem Volumen seines eigenen Körpers war. Berauscht von dieser Entdeckung, sprang er zunächst aus der Wanne und anschließend aus dem Fenster. Augenzeugen zufolge soll er den Nachmittag damit verbracht haben, nackt durch die Straßen seines sizilianischen Heimatstädtchens Syrakus zu laufen und seine Mitbürger mit triumphierenden »Heureka«-Rufen nervös zu machen. Diese Momente des Triumphs mögen mittlerweile zweitausend Jahre zurückliegen, das Archimedische Prinzip aber gilt auch heute noch. Die Art hingegen, wie Forscher ihre Forschungserfolge feiern, hat sich grundlegend verändert: »Wenn Wissenschaftler heute etwas entdecken, springen sie nicht mehr aus dem Fenster«, sagt Dan Shechtman, »und Zeit für die Badewanne haben wir auch keine mehr, eine Dusche muss reichen.« Der Israeli muss es wissen, vor drei Jahrzehnten entdeckte der Chemiker etwas, das ähnlich spektakulär war wie das Gesetz des Griechen.

Wie es dazu kam, erzählt er mir eines Nachmittags in seinem Büro am Technion-Institut in Haifa. Im Hintergrund hört man die Klimaanlage ächzen. Angestrengt drückt sie die Augusthitze aus dem bescheidenen Büro des Forschers, das kleiner noch ausfällt als die Box, in die Erwin Schrödinger einst seine Katze pferchte. Es geschah an einem Donnerstag im Jahr 1982, der Israeli war Gastforscher am amerikanischen Normungsinstitut (NBS) in Washington und suchte dort nach Stoffen, die hohen Temperaturschwankungen standhalten. Der Kalte Krieg war zu diesem Zeitpunkt noch ein heißer, und die US-Regierung suchte fieberhaft nach Materialien, um neue, bessere Kampfflugzeuge zu bauen. Um 17:25 Uhr dann, so notierte Shechtman damals in sein Notizbuch, hatte er sein Heureka-Erlebnis. Unter dem Elektronenmikroskop entdeckte der Chemiker einen Kristall, den es gar nicht hätte geben dürfen. »Die Wissenschaft ging jahrzehntelang davon aus, dass in Kristallen die Anordnung der Atome einem periodischen Muster folgt«, sagt er. In jedem Lehrbuch hieß es damals, dass der Abstand zwischen den Atomen eines Kristalls in jede Richtung immer der gleiche sei. »Ich aber entdeckte an diesem Vormittag einen Kristall, dessen Atome aperiodisch angeordnet waren.«

Es war ein atemberaubender Anblick: Ein Netz von Atomen lag über den Kristallen, dessen Muster mal an Blüten, mal an Sterne erinnerte. Shechtman greift nach einem Stift, schnappt sich ein Stück Papier und zeichnet mir die atomare Struktur seiner Entdeckung auf. Ihn scheinen Zweifel zu plagen, ob ich seinen Ausführungen folgen kann. Wohl aus gutem Grund, denn es wäre nicht das erste Mal, dass er im Verlauf seiner Forscherkarriere missverstanden wurde. Als Shechtman vor dreißig Jahren seinen Kollegen erstmals von den Quasikristallen berichtete, wollte ihm niemand glauben. Die Welt sei völlig unvorbereitet auf die Entdeckung gewesen, niemand hätte gedacht, dass ein solches »aperiodisches Biest« existieren könne, schrieb das schwedische Nobelpreiskomitee Jahre später in seiner Huldigung.

Shechtman hatte dabei niemals vorgehabt, sein Leben inmitten von Bechergläsern und Bunsenbrennern zu verbringen, um aperiodischen Biestern auf die Schliche zu kommen. »Mein Plan war es eigentlich, Ingenieur zu werden«, sagt er. Diesen Entschluss fasste er, als er mit acht Jahren zum ersten Mal Jules Vernes *Die mysteriöse Insel* gelesen hatte. Es ist die Geschichte von vier Männern, die mit einem Heißluftballon vor dem amerikanischen Bürgerkrieg fliehen und Zuflucht auf einer einsamen Insel im südlichen Pazifik finden. Während drei der Männer sich nutzlos die Beine in den Bauch stehen, glänzt der vierte mit Geschick, Intelligenz und einem Universitätsabschluss. Cyrus Smith, so sein Name, ist studierter Ingenieur und bastelt alles zusammen, wonach sich vier Männer auf einer einsamen Insel sehnen. Er sei einmal ein »Weltexperte« in diesem Buch gewesen, sagt Shechtman. »Wurde mir ein Satz aus dem Buch vorgelesen, konnte ich den folgenden Satz auswendig aufsagen.« Für den Chemiker war Jules Vernes Buch mehr als nur eine spannende Geschichte: »Cyrus Smith war meine erste große Liebe«, gesteht er mir – eine platonische, wie er betont.

»Weißt du, wer noch für Jules Verne geschwärmt hat?«, frage ich Shechtman.

»Nein, aber du wirst es mir verraten ...«

»Theodor Herzl«, kläre ich den Nobelpreisträger auf, »auch der wollte eigentlich Ingenieur werden, scheiterte aber und wurde Journalist.«

»Interessant«, murmelt Shechtman, »das wusste ich tatsächlich nicht.«

Ich mustere Shechtman. Er trägt beige Stoffhosen über schwarzen Slippern, die Hose hätte etwas kürzer geraten dürfen, die Schuhe ihrerseits sind schon etwas zu lange im Einsatz. Auf dem Hemd treffen helle Streifen auf die ockerfarbene Grundierung. Sieht so ein Patriot aus? Oder hat Shechtman mit Herzl und den Zionisten nichts am Hut? Man sieht es ihm nicht an, deshalb frage ich: »Bist du ein Zionist?«

»O ja! Meine Familie ist seit vier Generationen in Israel. Meine Großmutter kam mit ihren Eltern 1908 ins Land, sie studierte damals an der Kunsthochschule Bezalel, die erst zwei Jahre zuvor eröffnet hatte. Sie waren gebildete Menschen, ›bessere Leute‹, wie man in Jiddisch sagt.«

»Wo hat sie dann deinen Großvater kennengelernt?«

»Der teilte sich damals ein Zimmer mit Boris Schatz, dem Mann, der Bezalel gegründet hat. An einem freien Tag entschloss sich mein Großvater dazu, ein Seminar von Schatz anzusehen. Im Vorlesungssaal saß auch meine Großmutter.«

»Zufall über Zufall …«

»Allerdings, und wegen diesen Zufällen sitze ich heute hier.«

Der jüdische Jules Verne

Es waren dabei nicht allein diese Zufälle, auch wegen Herzls Ideen sitzt Shechtman heute hier. Denn ohne den Österreicher wären seine Vorfahren wohl niemals auf den Gedanken gekommen, ins Land ihrer Vorväter zu ziehen. Herzl seinerseits, ebenfalls ganz zufällig, teilte

Shechtmans Bewunderung für das Ingenieurwesen. Als in Ägypten der Suezkanal gebaut wurde, stapelten sich im Zimmer des Achtjährigen Zeitungsartikel über das Mammutprojekt auf der Sinai-Halbinsel. Es war eine Begeisterung, die ihn bis ins Erwachsenenleben begleiten sollte. Als Herzl 1898 zum ersten und einzigen Mal den Nahen Osten bereiste, schrieb er schwärmerisch in sein Tagebuch: »Der Suezcanal, diese schimmernde Wasserlinie nach der Unendlichkeit gezogen, hat mir viel mehr imponirt, als die Akropolis. Menschenleben u. Geld wurden ja beim Suezcanal geraubt und verschwendet, aber doch ist der colossale Wille der diesen einfachen Gedanken des Sandabgrabens ausführte, zu bewundern.«

Doch nicht nur am Suezkanal – auch überall sonst, wo Verbrennungsmotoren knatterten, Dampfschiffe dampften und Luftschiffe gen Luft stiegen, konnte man über Herzl stolpern. »Dori«, so nannten ihn seine Eltern, wollte in jungen Jahren ein Ingenieur wie Cyrus Smith werden, wollte einer jener Helden sein, über die Verne in seinen Büchern geschrieben hatte. Doch angesichts mediokrer Mathematiknoten wurde daraus nichts. Gänzlich überwinden aber konnte er sein Scheitern in den Ingenieurwissenschaften offensichtlich nie, wann immer er später über den technischen Fortschritt schrieb, schwang Bewunderung, gar Ehrfurcht in den Zeilen mit. Die Maschine werfe alles vor sich nieder, wo sie einmal aufgebaut sei, schrieb Herzl im Feuilleton der *Neuen Freien Presse*. Die Aussicht auf Unterwerfung schien ihn dabei keineswegs zu beängstigen. Im Gegenteil, insgeheim wäre es Herzl wohl recht gewesen, hätte er sein Leben nicht unter Menschen, sondern Maschinen verbracht. Die Maschine habe eine Eigenschaft, die den lebenden Kreaturen abgehe: »Sie kann nämlich innerhalb einer kurzen Frist verbessert werden«, stellte er beeindruckt fest, »und das geschieht auch wirklich jeden Tag.«

Auch in seinen Büchern deutet sich zwischen den Zeilen immer wieder diese Liebe für die Welt von Maschinen und Mechanik an. So liest sich der *Judenstaat* stellenweise nicht wie das politische Pamphlet eines österreichischen Journalisten, sondern wie die Bauanleitung für ein Schweizer Uhrwerk. »Die Zähne und Räder der zu bauenden Maschine deute ich nur an«, schreibt er über den Judenstaat, »in aller Bescheidenheit, unter Hinweis auf meine Unzulänglichkeit und im Vertrauen darauf, daß es besser ausführende Mechaniker geben wird, als ich einer bin.«

In seinem Tagebuch wiederum erinnerte er an das mühselige Leben der amerikanischen Goldgräber: »Noch vor einigen vierzig Jahren wurde die Goldgräberei auf eine wunderlich naive Weise betrieben. Wie abenteuerlich ist es in Kalifornien zugegangen. Da liefen auf ein Gerücht hin die Desperados aus aller Welt zusammen, stahlen der Erde, raubten einander das Gold ab – und verspielten es dann ebenso räubermässig.« Einmal mehr seien es Maschinen und wissenschaftlicher Sachverstand gewesen, glaubte Herzl, die den amerikanischen Kontinent vom unheiligen Werk der abenteuerlichen Desperados erlöst hätten: »Sehen Sie sich heute die Goldgräberei in Transval an. Keine romantischen Strolche mehr, sondern nüchterne Geologen und Ingenieure leiten die Goldindustrie. Sinnreiche Maschinen lösen das Gold aus dem erkannten Gestein. Dem Zufall ist wenig überlassen.« Und was in Amerika funktioniert hatte, würde auch in Palästina funktionieren, schlussfolgerte der Zionist: »So muss das neue Judenland mit allen modernen Hilfsmitteln erforscht und in Besitz genommen werden.«

Gleiches Bild auch in *Altneuland*: In seinem utopischen Roman entwirft Herzl einen hypermodernen Staat, in dem Automobile auf ihren Gummirädern »ziemlich geräuschlos« über die Straßen »hasten«, während die Städte des Landes durch elektrische Schwebebahnen miteinander verbunden sind. Bei Einbruch der Nacht würden Straßenlaternen den Bürgern Licht spenden, die »wie große gläserne Früchte« an den Palmen hängen, träumte Herzl. Darüber hinaus prophezeite er, dass die Forscher des Landes sehr bald Klimaanlagen erfinden würden, mit denen die drückenden Nahosttemperaturen auch für gebürtige Wiener erträglich werden würden. Wer im Hochsommer mal in einem der rollenden Gefriersärge der israelischen Bahngesellschaft mitgefahren ist, wird wissen: Es ist ihnen gelungen. Eine ausgewachsene Lungenentzündung ist dort noch das Harmloseste, was man sich einfangen kann.

Doch nicht nur in der Kälteindustrie, auch in anderen Bereichen haben israelische Forscher den Herzl'schen Traum von der Wissenschaftsgesellschaft konsequent umgesetzt. Knochen aus Stammzellen züchten? Dank israelischer Forschung ist das möglich. Antibiotika gegen Erbkrankheiten? Wurde in Haifa entwickelt. Impfung gegen Krebs? Zwar noch nicht marktreif, in Tel Aviv wird aber daran gearbeitet. In wenigen Jahrzehnten ist der bitterarme Agrarstaat zu einem weltweit führenden Wissenschaftsstandort aufgestiegen. Aber nicht nur das, aus den Entdeckungen der Forscher sind wiederum Zehntausende kleine Unternehmen entstanden.

Geschrieben wurde diese Erfolgsgeschichte nicht zuletzt von Leuten wie Dan Shechtman. Und Leute wie Dan

Shechtman gibt es augenscheinlich einige im Heiligen Land. Dieser Gedanke war mir bereits bei meinem Besuch in der Zentralbank gekommen. Dort hatte mir Karnit Flug einen Haufen Papiere vorgelegt: »Lies!« Ich tat wie befohlen. Jedes einzelne der Blätter war bis zum Rand mit Balkendiagrammen, Kurven und statistischen Zahlenkolonne bedruckt. In keinem anderen Land der Erde war demnach die Chance für ausgewachsene Staatsbürger größer, im Besitz eines akademischen Abschlusses zu sein. Gleichzeitig, so zeigt es eines der Diagramme, ist Israel die Nation mit den meisten Forschern unter den Lohnempfängern: Auf zehntausend Arbeitskräfte kommen im Heiligen Land hundertfünfundvierzig Wissenschaftler. Genüsslich zeigte der Bericht, welche Länder Israel mit dieser Quote schlägt: alle anderen. In den USA sind es lediglich fünfundachtzig Forscher je zehntausend Lohnempfänger, in Japan gut siebzig und in Deutschland gerade mal sechzig.

Der israelische Staat mag Shechtman ein vergleichsweise paradiesisches Arbeitsumfeld geschaffen haben, gegen erbitterten Widerstand musste er dennoch kämpfen. »Als ich die Quasikristalle entdeckte und meinen Kollegen davon erzählte, brach die Hölle los.« Bestenfalls sei er mit skeptischen Blicken davongekommen, in vielen anderen Fällen aber waren die Reaktionen weitaus emotionaler: »Sie haben mich beschimpft und sich über mich lustig gemacht«, erinnert sich Shechtman. Weil in keinem jemals gedruckten Lehrbuch Quasikristalle vorkamen, müsse Shechtman bei seinen Forschungen wohl ein Fehler unterlaufen sein, mutmaßten Professoren, Studenten und Laboranten gleichermaßen. Shechtman erinnert sich an die Reaktion des Leiters seiner Studiengruppe am amerikanischen Normungsinstitut in Maryland, wenige Tage nach seiner Entdeckung kam der in sein Büro und knallte ihm ein Lehrbuch auf den Tisch. »Lies das!«, brüllte er, »was du behauptest, ist unmöglich!« Doch Shechtman war nicht nach Lesen, er schob das Buch von sich weg: »Was ich entdeckt hatte, konnte man weder in diesem noch in irgendeinem anderen Buch finden.« Es musste dort erst noch von jemandem hineingeschrieben werden.

Als Shechtman sich auch in den kommenden Tagen weigerte, den Glauben an die Quasikristalle aufzugeben, setzte ihn sein Chef vor die Tür: Er sei eine Schande für das Forschungsteam und solle sich besser ein anderes suchen. Der wissenschaftliche Waise tat wie befohlen. Er räumte seinen Schreibtisch leer, schloss leise hinter sich die Bürotür und bettelte um Aufnahme in einer anderen Gruppe. »Nein«, sagt Shechtman, »das waren damals nicht die besten Tage meines Lebens. Aber was hätte ich tun sollen? Ich wusste, was ich gesehen hatte.« Die Wahrheit zu ertragen, das erfuhr der Chemiker damals, ist weitaus schwerer, als Aktentaschen aus Büros zu schleppen. Es dauerte zwei Jahre, bis er mit Ilan Bleche einen anderen Chemiker fand, der ihm nicht nur Glauben schenkte, sondern auch bereit war, gemeinsam einen wissenschaftlichen Aufsatz zu den Quasikristallen zu schreiben. Doch zwei weitere Jahre sollten ins Land gehen, bis der Aufsatz veröffentlicht war: Das *Journal of Applied Physics* lehnte die Schrift ab. »Das Thema, hieß es in ihrer Begründung, sei für Physiker nicht von Interesse«, erinnert sich Shechtman. »Es gibt eine Menge Blödmänner dort draußen.« Shechtman seufzt.

Letztlich fand der Chemiker eine andere Fachzeitschrift, die bereit war, seinen Beitrag zu drucken. Und mit dem Tag der Veröffentlichung sank auch die Zahl der Blödmänner kontinuierlich: »Ich bekam Post aus der ganzen Welt, andere Forscher wiederholten mein Experiment und sahen nun selbst, was ich gesehen hatte.« Innerhalb von zehn Jahren schrumpfte die Zahl der Skeptiker, immer mehr Forscher nahmen hin, dass es neben Kristallen auch Quasikristalle gibt.

Mit einer Ausnahme: dem Nobelpreisträger Linus Pauling. »Pauling war ein herausragender Chemiker und ein Idol der amerikanischen Chemical Society«, sagt Shechtman. Gleich zwei Mal war der Amerikaner nach Schweden eingeladen worden: ein Mal für die Auszeichnung mit dem Nobelpreis in Chemie, ein anderes Mal wurde ihm der Friedensnobelpreis verliehen. Paulings Worte hatten Gewicht unter Chemikern, und er wusste Hunderttausende Anhänger hinter sich. Die ließ er bei jeder Gelegenheit hören, was er über diesen aufmüpfigen Professor aus Israel dachte: »Es gibt keine Quasikristalle, es gibt nur Quasiwissenschaftler.«

Pauling, damals Anfang achtzig, verbrachte die letzte Dekade seines Leben mit dem Versuch, Shechtman zu widerlegen. Doch er scheiterte dabei, »jedes seiner Modelle stellte sich als falsch heraus«. 1994 kam von Pauling dann doch noch ein halbes Friedensangebot. »Lassen Sie uns ein gemeinsames Papier veröffentlichen«, schlug der greise Amerikaner in einem Brief seinem israelischen Kontrahenten vor. Und sah sich sogar zu einem Zugeständnis bereit: »Ihr Name wird an erste Stelle stehen.« Shechtman willigte grundsätzlich ein, pochte aber noch auf ein weiteres Entgegenkommen: »Wir sollten uns vor er Veröffentlichung zumindest darauf einigen, dass Quasikristalle existieren«, schrieb er Pauling zurück. Diesen letzten Schritt wollte der Amerikaner dann doch nicht gehen. Dafür sei es »vielleicht noch ein bisschen zu früh«, schrieb der Forscher. Wenige Monate später war er tot.

Shechtman schüttelt den Kopf. »In der Wissenschaft geht es manchmal nicht anders zu als in der Religion: Jeder hat seinen Glauben, und jeder sagt dir, dass sein Prophet der bessere ist.« Mag ihm die Absolution durch den Amerikaner auch zeitlebens verwehrt geblieben sein, in Schweden fand Shechtman Anerkennung.

Als am 5. November 2011 in Haifa das Telefon klingelte, war Stockholm in der Leitung, der Präsident des Nobelpreiskomitees gratulierte und lud ihn zur Preisverleihung in die schwedische Hauptstadt ein. »Ich glaube, ich habe ihn mir verdient«, sagt Shechtman.

Von Frauen, Männern und Maschinen

Ein Nobelpreis war ursprünglich auch Ester Levanons Lebensziel, wie sie mir bei unserem ersten Zusammentreffen an einem Vormittag im Frühling 2011 gestand. »Als Jugendliche träumte ich davon, in die Fußstapfen von Marie Curie zu treten«, sagte sie damals, lehnte sich in ihren Bürostuhl zurück und nahm einen Schluck Kaffee aus einem Becher mit der Aufschrift »FED«. Die Tasse war ein Werbegeschenk der amerikanischen Zentralbank und gleichzeitig eine Erinnerung daran, dass ihr Traum vom Nobelpreis gescheitert war. Denn nach dem Studium hatte es sie nicht in die Wissenschaft, sondern in die Wirtschaft verschlagen: Levanon saß seit 2006 auf dem Chefsessel der israelischen Börse. Der Weg dorthin war gleichwohl mindestens ebenso steinig und steil wie

Curies Pfad an die Spitze der Weltforschung. Was ebenfalls zumeist an den Männern lag, wie mir Levanon bei unserem zweiten Zusammentreffen erzählte, an einem Nachmittag im August 2014.

Ihren ersten Job suchte sich Levanon, als Premierministerin Golda Meir ihren gerade verloren hatte. In den frühen siebziger Jahren war das, Israel saß der Schrecken des Jom-Kippur-Krieges noch in den Gliedern. Im Oktober 1973 hatte Ägyptens Präsident Anwar al-Sadat Tausende Panzer, Geschütze und Soldaten auf die Sinai-Halbinsel verlegt, während Syrien seinerseits Truppen an der Staatsgrenze zum Judenstaat zusammenzog. In Israel wurden die Truppenbewegungen zwar bemerkt, Kopfschmerzen bereiteten sie hingegen kaum jemandem. Fünf Jahre waren seit dem Sechstagekrieg vergangen, und unter den Israelis hatte sich die Überzeugung breitgemacht, dass die arabischen Staaten nach den desaströsen Gebietsverlusten von 1967 den Israelis zwar nicht verziehen, sich aber zumindest mit der Realität abgefunden hatten. Das Überlegenheitsgefühl der Israelis zu dieser Zeit ging so weit, dass der Generalstab der israelischen Armee noch Wochen vor Kriegsausbruch plante, die Wehrdienstzeit von damals sechsunddreißig Monaten um drei Monate zu verkürzen. Und noch wenige Tage vor Kriegsausbruch versicherte der Chef des israelischen Militärgeheimdienstes Aman, Eli Zeira, der Regierung in Jerusalem, dass keine Gefahr bestünde, Ägypten und Syrien lediglich militärische Übungen vorbereiteten.

Es waren folgenschwere Fehleinschätzungen: Am 6. Oktober 1973 klingelte bei Premierministerin Golda Meir um vier Uhr morgens das Telefon, ihr Militärberater Yisrael Lior war am Apparat. Man sei mittlerweile zu dem

Schluss gekommen, dass Ägypter und Syrer einen gemeinsamen Angriff für den Nachmittag planen, ließ er sie wissen. Und so kam es dann auch: Während die Israelis den höchsten jüdischen Feiertag begingen, rollten Tausende arabische Panzer von Norden und Süden auf israelisches Territorium zu. Völlig überrascht von dem Vorstoß, dauerte es Tage, bis die israelische Armee ihre eigenen Truppen mobilisiert hatte. Den Israelis gelang es letztlich zwar, die Angreifer zurückzustoßen, sie mussten dafür aber einen hohen Preis zahlen: Mehr als zweitausendfünfhundert Israelis kostete der Krieg das Leben. Gleichzeitig verschwanden Euphorie und Selbstsicherheit, in denen die Israelis sich seit dem Sechstagekrieg wiegten. Ein »Erdbeben«, ein »Trauma« hätten die Israelis 1973 durchlitten, schrieb der Historiker Abraham Rabinovich über die Nachwehen des Krieges.

Einen hohen Preis für dieses Trauma musste auch Premierministerin Golda Meir zahlen: Sie trat ein halbes Jahr nach Kriegsende zurück. Obwohl die Israelis weltweit zu den ersten Nationen gehörten, die mit Meir einer Frau die Führung der Regierungsgeschäfte anvertraut hatten, war Israel damals alles andere als ein Hort des Feminismus und der Geschlechtergerechtigkeit. »Mein erster Chef sagte mir beim Bewerbungsgespräch, dass er eine Frau nur dann einstellen würde, wenn sie mindestens doppelt so gut sei wie ein Mann.« Offensichtlich traf das bei Levanon zu, denn wenige Tage nach dem Bewerbungsgespräch fand sie im Briefkasten einen unterschriebenen Arbeitsvertrag. Doch der Kampf gegen den Chauvinismus war nach der Jobsuche nicht beendet, im Gegenteil, er ging erst richtig los. Die Firma schickte Levanon zu einem der Kunden, dem israelischen Inlandsgeheimdienst Schin

Bet. »Als ich dort aufkreuzte, schien sich jeder zu fragen: Was will diese Frau hier, und warum redet sie die ganze Zeit von Computern?«

Die Antwort auf das Rätseln der Männer wäre dabei einfach gewesen, hätte mal jemand nachgefragt. Sowohl binäre Sprache als auch Mikroprozessoren hatte Levanon an der Hebräischen Universität von Jerusalem lieben gelernt. Die Vormittage verbrachte sie im Vorlesungssaal mit dem Mathematikstudium. An den Nachmittagen fütterte sie im Rechenzentrum die Server mit Daten. »Ich habe Computer sehr schnell schätzen gelernt«, sagt sie, »anders als Männer widersprechen sie nur dann, wenn sie einen guten Grund dafür haben.«

Als Levanon zum Schin Bet kam, gab es dort zwar auch schon einige Server, die Männermannschaft hatte aber vergessen, jemanden einzustellen, der die Geräte bedienen konnte. Es kam, wie es kommen musste: Eines der riesigen Datenbänder wurde von einem der Agenten überschrieben – zweihunderttausend Datensätze über Terroristen und sonstige Fieslinge waren futsch. Levanons Firma sollte derlei Datenkatastrophen in der Zukunft verhindern. Levanon versuchte den damaligen Schin Bet-Chef Avraham Ahituv davon zu überzeugen, eine eigene IT-Abteilung im Haus einzurichten. Kein leichtes Unterfangen; als Ahituv sich auch nach sechs Monaten nicht überzeugen ließ, gab Levanon auf. »Ich habe ihm gesagt, dass er einen großen Fehler macht, und habe mich verabschiedet.« Sie packte ihre Sachen vom Schreibtisch und schleppte die Aktentasche aus dem Büro.

Fünf Mal ging die Sonne auf, fünf Mal ging sie unter. Mit der sechsten Morgenröte dann kam ein Anruf aus Ahituvs Büro – und der gab sich ganz und gar nicht israelisch: »Du hattest recht, ich lag falsch. Komm' bitte zurück«, sagte er ihr am Telefon. Levanon scheint den Moment auch dreißig Jahre später noch genießen zu können. »Ich bat um Bedenkzeit und ließ ihn zappeln.« Levanon grinst. Nach drei Tagen dann wählte sie seine Nummer, ihre Antwort erschöpfte sich in einem lakonischen »Okay«. Es war dabei nicht das Geld allein, das sie für die kommenden fünf Jahre dazu brachte, beim israelischen Inlandsgeheimdienst die IT-Abteilung aufzubauen, Levanon tat es auch aus Liebe zum Vaterland: »Ich bin Zionistin«, lässt sie mich wissen. Weil Zionismus in diesem Land alles und nichts bedeuten kann, frage ich bei Levanon nach: »Was heißt es, ein Zionist zu sein?«

»Es gibt gerade eine Menge Leute, die sich europäische Pässe holen. Sie sagen, sie machen es für ihre Kinder, damit sie in Europa studieren können. Ich will ihnen keine Vorwürfe machen, jeder ist für sein eigenes Schicksal verantwortlich. Aber wenn ich ehrlich bin: Es gefällt mir nicht.«

»Was ist das Problem?«

»Ich glaube, dass sie ihre Kinder nur als Ausrede vorschieben: Wenn hier unten etwas passiert, sind sie weg. Diese Luxusdenkweise können wir uns nicht erlauben. Das hier ist unser Land, und wir sollten nicht darüber nachdenken, wegzulaufen, wenn es brenzlig wird.«

Levanon hat keinen zweiten Pass, und sie hat auch nicht vor, wegzurennen. Nicht so, wie es damals ihre Großeltern mussten: »Mein Vater kam als Kind aus Rumänien, meine Mutter aus Polen.« Dass die Eltern ihrer Mutter das Land verließen, leuchtet ihr ein: »In Polen gab es damals scheußliche Angriffe auf Juden.« Bei ihrem Vater aber sei es anders, sei es merkwürdig gewesen. »In

Rumänien ging es den Juden vergleichsweise gut, die Familie meines Vaters war wohlhabend.« Er selbst soll ein zynischer Mann gewesen sein. »Er hat sich über alles lustig gemacht«, erzählt Levanon, »nur nicht über den Zionismus.« Denn der Vater war Zionist wie seine Tochter, und der Zionismus brachte ihn dazu, Wohlstand und rumänische Bequemlichkeiten hinter sich zu lassen und nach Palästina zu ziehen. Levanon selbst hat nie mit ihm gesprochen, »er starb im Unabhängigkeitskrieg«, sie war damals zwei Jahre alt. Es blieb nicht die einzige Begegnung mit dem Tod im jungen Leben: Zwanzig Jahre später starb ihr Bruder im Jom-Kippur-Krieg.

Schrecken der Privatwirtschaft

Nach fünf Jahren beim Geheimdienst wurde Levanon von der israelischen Börse abgeworben. Wie zuvor beim Schin Bet hatte man dort zwar schon den ein oder anderen Server aufgebaut, aber niemanden angestellt, der sie bedienen konnte. Abermals bestand der Job daher zunächst darin, Männer mit Maschinen anzufreunden: »Ende der neunziger Jahre wollte ich das Handelssystem automatisieren«, sagt Levanon. Als sie diesen Plan erstmals öffentlich aussprach, brach die Hölle los: Die Händler und Brokerfirmen liefen Sturm. Und gleich im Anschluss liefen sie zur Presse, um ihn zu verhindern. »Über Monate hinweg erschien jeden Tag mindestens ein Artikel, in dem mir Inkompetenz vorgeworfen und mein Rücktritt gefordert wurde. Sie dachten, niemand könne ihren Job besser machen«, und in gewisser Weise hätten sie damit auch recht gehabt, glaubt Levanon. »Sie waren gut, ich wusste aber, dass sie noch besser sein würden, wenn der Handel automatisiert werden würde.«

Nach Monaten des Kampfes gelang es Levanon dann doch noch, in der Geschäftsführung und im Aufsichtsrat der Börse Unterstützer für ihren Plan zu finden. Am 13. August 1997 fuhr Levanon die Rechner hoch und schaltete das neue Handelssystem scharf – gegen den Widerstand von Händlern, Brokerfirmen, Banken, großen Teilen der Politik und gegen die ätzenden Kommentatoren der Wirtschaftspresse. Als sich der Handelstag dann aber immer weiter dem Feierabend näherte, sei etwas sehr Unisraelisches passiert, erinnert sich Levanon: »Immer mehr Leute kamen zu mir und sagten: Okay, du lagst richtig, wir lagen falsch.«

Die Stimmung hatte sich in wenigen Stunden völlig gewandelt, denn es war etwas eingetreten, mit dem fast niemand gerechnet hatte: »Als wir um 13:00 Uhr aus dem Handel gingen, hatten wir in sechs Stunden ein höheres Handelsvolumen erreicht als im ganzen Jahr zuvor.« So war es nicht verwunderlich, dass, pünktlich um 13:01 Uhr, plötzlich keiner von Levanons einstigen Kontrahenten mehr auffindbar war. Die Automatisierung des Handels wurde nach den ersten sechs Handelsstunden bejubelt, jeder schien den Systemwechsel schon immer unterstützt zu haben. Diese Stunden waren Levanons Nobelpreisverleihung, ihr Marie-Curie-Moment. An den sie sich freilich nur noch vage erinnert: »Zeit zum Feiern blieb mir nicht«, am nächsten Vormittag stand der wöchentliche Familieneinkauf an. Denn ganz nebenbei hat Levanon auch noch zwei Söhne großgezogen. Männer machten so etwas damals nicht.

Es sei mysteriös, sagt Shechtman, aber aus irgendeinem Grund habe man in Israel den Drang entwickelt, alles zu hinterfragen. Ob das in der jüdischen Natur liege, frage ich Shechtman. »Mag sein«, antwortet er, zwischen der jüdischen Natur und dem israelischen Naturell gebe es aber einen kleinen Unterschied: »Wir Israelis sind ein furchtloses Volk.« Und diese Furchtlosigkeit zahlt sich für die Israelis aus, glaubt der Nobelpreisträger: »Deshalb sind wir erfolgreich in den Wissenschaften, und deshalb werden in diesem Land auch so viele Unternehmen gegründet. Die Furcht vor dem Scheitern, die Furcht davor, eine Schande für sich selbst und die Familie zu sein, gibt es bei uns nicht.« Wer es in Israel versaut, sagt er, sei ein bisschen schlauer und fängt noch mal von vorne an: »Genau das ist es, was ich meinen Studenten seit siebenundzwanzig Jahren am Technion beibringe.« Shechtman scheint damit erfolgreich gewesen zu sein: »Früher wollten jüdische Mütter, dass ihre Töchter und Söhne Ärzte oder Anwälte werden«, sagt er. Das aber habe sich geändert: Heute hoffe die israelische Mutter darauf, dass der Nachwuchs recht bald nach Kappen der Nabelschnur beim Gewerbeamt vorstellig wird: »Wenn du dich heute an eine Supermarktkasse stellst, hörst du stolze Mütter davon berichten, dass ihre Kinder gerade damit beschäftigt sind, ein Unternehmen zu gründen.«

Bei allem Erfolg: Auch mit dem Scheitern ist Ester Levanon vertraut. Als die Börsenchefin den Handel automatisieren wollte, stand sie vor der Frage, ob sie das Handelssystem von einer amerikanischen Firma kaufen oder selbst programmieren sollte. Natürlich wusste es die

Israelin besser und beschloss, wie sie es selbst nennt, »das Rad neu zu erfinden«. »Das war, wie ich es immer schon gemacht hatte«, so Levanon. Doch während ihre Kollegen Programmzeile für Programmzeile in den Computer tippten, beschlichen Levanon Zweifel. »Auf dem Rückflug von einer Konferenz kam mir der Gedanke, dass wir mit unserem selbst programmierten System zwar ein gutes Umfeld für die Broker schaffen würden, die bereits an der israelischen Börse handelten. Der Rest der Welt aber würde keine Ahnung davon haben, was wir da veranstalten.«

Als Levanons Flugzeug in Tel Aviv landete, hatte sie sich umentschieden: Sie rief in den USA an und bestellte die Software. So sei das häufig gelaufen, erinnert sich Levanon: »Von Zeit zu Zeit dachten wir uns: Jetzt zeigen wir diesen *Goijm* (Nichtjuden) mal, wie man es richtig macht – dabei hatten wir keinen Schimmer, was wir taten.« Doch von der eigenen Ahnungslosigkeit ließen sich die Israelis nicht einschüchtern, sie griffen zur Computertastatur, programmierten, tüftelten und waren fest überzeugt davon, dass sie es besser machen würden. »Mit der Zeit wurde uns aber klar, dass es gute Gründe gibt, warum die anderen es nicht so gemacht haben, wie wir es versuchten.« Kleinlaut gesteht mir Levanon daher rückblickend ein: »Diese Goijm sind nicht so doof, wie wir immer denken.«

Doch woran liegt es, dass Israel zum Mekka der Wissenschaften und zur Nation der Unternehmensgründer wurde? Ist vielleicht doch die jüdische Natur daran schuld, sind es die jüdischen Gene? Schlummern in jedem Israeli das Genie einer Marie Curie und der Verstand eines Archimedes? Zu diesem Schluss wäre ich beinahe gekommen, während ich die Statistikblätter der israelischen Notenbank durchgeblättert hatte. Als ich diese Fragen hingegen Dan Shechtman stelle, bekomme ich eine andere, weniger euphorische Antwort: »Es ist nicht so, dass jeder in Israel besonders schlau wäre«, sagt der Wissenschaftler, »ganz im Gegenteil, die Zahl der klugen Israelis ist extrem gering.«

Und das sagt nicht nur Shechtman, das berichten auch die Statistiker: Wenige Tage vor unserem Treffen hatte die israelische Wirtschaftszeitung *Calcalist* in einem Artikel geschrieben, dass die Prozentzahl der Leute, auf deren Schultern Israels Wirtschaft ruht, bei lediglich neun Prozent liege. Was wiederum für einundneunzig Prozent der Bevölkerung eine hohe Abhängigkeit bedeutet: »Diese Lokomotive ist zu schwach, um den großen Zug zu ziehen«, sagt Shechtman. Auf absehbare Zeit, warnt der Nobelpreisträger daher, droht der Zug gar zu entgleisen: »Heute gehen fünfzig Prozent der israelischen Schüler auf Staatsschulen, der Rest geht auf religiöse. Wenn das so weiter geht, werden im Jahr 2040 nur noch fünfzehn Prozent der Schüler Staatsschulen besuchen.«

Für den kleinen Staat hätte das enorme Auswirkungen. Denn Israel wäre dann mehrheitlich von Menschen bevölkert, die zwar auswendig aus der Torah zitieren könnten, die jedoch niemals vom Archimedischen Prinzip gehört hätten, von Shechtmans Quasikristallen ganz zu schweigen. Denn etwas »Brauchbares«, so nennt es Shechtman, lernten die Schüler auf den religiösen Schulen nicht. Tatsächlich verlassen die Schüler diese Schulen zumeist mit Kenntnissen der Mathematik, Physik oder Chemie, die auf Grundschulniveau liegen. »Das können wir uns nicht leisten«, sagt Shechtman, »Wir müssen sicherstellen, dass jedes Kind eine gute Bildung erhält und die Möglichkeit, sich selbst zu versorgen.« Ob sein Warnruf Gehör finden wird? Shechtman scheint skeptisch: »Ich sehe die Zukunft nicht lächeln für Israel.«

Es sind staatstragende Töne, die Shechtman an diesem Nachmittag anschlägt – und das kommt nicht von ungefähr. Obwohl er 2011 mit dem Nobelpreis alles erreicht hatte, worauf ein Chemiker hoffen kann, war ihm das noch nicht genug: Shechtman wollte zum Staatsmann werden. Als 2014 die Amtszeit von Präsident Shimon Peres auslief, sah der zionistische Wissenschaftler seine Stunde schlagen und kandidierte für den Posten an der Spitze des Judenstaates. Und scheiterte: Nicht er, sondern Reuven Rivlin gewann die Wahlen. »Ich habe mich wohl ein bisschen überschätzt«, gesteht er mir kleinlaut.

Vielleicht war das aber auch besser so. Denn was für Schuhmacher und ihren Leisten gilt, gilt wohl auch für Chemiker und ihre Elektronenmikroskope. Die Art, in den Wissenschaften Lösungen zu finden, ist eine andere als die in der Politik. Trotz Nobelpreis und jahrelanger Erfahrung beim Beheben von chemischen Problemfällen kann er für den Konflikt zwischen Arabern und Israelis keine Lösung erkennen: »Ich weiß es nicht, ich habe wirklich keinen Schimmer.« Danach hatte ich ihn aber eigentlich auch gar nicht gefragt.

Shechtmans Stimme war während des gesamten Gesprächs ruhig, klang beinahe sanft. Jetzt aber verliert er doch noch die Contenance. »Es gibt dreihundert Millionen Araber in dieser Welt, aber was ist ihr Beitrag zu den Wissenschaften? Absolut null«, sagt er und lässt den Worten ein paar Sekunden Schweigen folgen.

An der Wand hängt eine Uhr. Sie tickt, sie tackt.

Shechtman bricht das Schweigen: »Um Wissenschaftler zu werden, muss man frei denken und frei sprechen dürfen. Aber das ist nicht die arabische Realität: Alle arabischen Staaten sind Diktaturen, alle. Die Menschen dort leben in Furcht vor der Herrschaft, und auf diese Weise entwickelt man keine Wissenschaft und auch keinen Frieden.«

Wäre der Konflikt zwischen Israelis und Arabern eine chemische Verbindung, wäre es Quecksilber. Wie das flüssige Metall sucht und findet der Konflikt Wege bis in die letzte Ritze. Barrieren kennt er nicht, er umfließt sie einfach. Mich langweilt der Konflikt bisweilen. Auf der Zugfahrt nach Haifa hatte ich mir eigentlich vorgenommen, kein einziges Wort mit Shechtman über Araber, Israelis und den Dauerstreit zu verlieren. Ich hatte mir eine lange Liste mit Alternativthemen aufgeschrieben (»Was ist deine Lieblingsfarbe?«, »Was war der Nachname des ersten Mädchens, das du jemals geküsst hast?«). Doch egal welches Thema ich anschneide, am Ende landen wir immer wieder bei den Israelis, den Arabern und den Qassam-Raketen.

Der Konflikt ist immer und überall. Selbst dann, wenn die Involvierten die Konfliktzone verlassen: Ester

Levanon war vor einigen Jahren auf einer Konferenz in Paris eingeladen, auf der sie mit anderen Führungskräften über die goldene Zukunft ihrer Branche diskutieren wollte. Stattdessen musste sie sich dort aber vor allem mit der garstigen Gegenwart arrangieren. »Ich wusste, dass Ahmed Oheid, der Chef der palästinensischen Börse, dort sein würde«, erinnert sie sich. Wäre sie ihm über den Weg gelaufen, wie hätte sie reagieren sollen? Sollte sie ihn ansprechen oder ihn ignorieren? Der Judenstaat ist in der arabischen Welt Feindesland, und mit Feinden lässt man sich nicht blicken. 1948 beschloss die Arabische Liga einen Boykott aller Waren aus Israel und hält sich seither auch daran. Offiziell zumindest. Wenn der Computer aber erst mal hochgefahren oder ein Medikament verschrieben wurde, wird geflissentlich ignoriert, wenn es israelische Ingenieure oder Chemiker waren, die sich das Produkt ausgedacht haben. Levanon nahm es mit einem Schulterzucken: »Ich entschloss mich, nach Oheids Regeln zu spielen«, sagt sie. »Würde er sich dazu entschließen, mit mir zu sprechen, hätte ich mich gefreut. Hätte er es vorgezogen, mich zu ignorieren, wäre das auch in Ordnung gewesen.«

Am zweiten Konferenztag war es so weit, Oheids und Levanons Wege kreuzten sich. Und der Araber machte keine Anstalten, die Jüdin zu ignorieren. Er grüßte sie nicht nur, Levanon bekam obendrein noch einen Kuss auf die Wange. »Wir holten uns einen Kaffee und unterhielten uns fast zwei Stunden lang.« Zum Missfallen anderer Konferenzteilnehmer: Einige Meter entfernt saßen Manager aus den Golfstaaten, die das arabisch-israelische Aufeinandertreffen argwöhnisch beobachteten. »Ihre Blicke hätten töten können«, erinnert sich Levanon,

»Ahmed aber schien das nicht zu stören.« Oheid ist dabei nicht der einzige Araber, mit dem Levanon Frieden geschlossen hat. Auch mit Jalil Tarif, dem ersten Chef der jordanischen Börse, ist sie befreundet. »Ich habe ihn mal gefragt, warum es keine Kooperationen unter den Börsen der arabischen Länder gibt.« Er habe nur gelacht und gesagt, bevor die erste Kooperation beginnt, werden wir mit Israel zusammenarbeiten. Die Hoffnung stirbt zuletzt, denke ich mir.

»Es ist eine komplizierte Welt, und ich verstehe sie häufig nicht.« Levanon klingt resigniert. Mit einer Serviette wischt sie sich den Milchschaum von den Lippen, sie hat ein bisschen gekleckert. »Es gibt zwei Dinge, die ich Mose vorwerfe«, sagt sie. Der erste Vorwurf ist dabei identisch mit dem, der Mose einst von Golda Meir gemacht wurde: »Er hat uns in ein Land geführt, in dem es kein Öl gibt.« Die andere Sache, die Levanon ihm vorwirft, ist damit eng verbunden: »Mose hat uns vierzig Jahre durch die Wüste wandern lassen hat, nur um uns an diesen krisengeplagten Ort zu führen.« Levanon seufzt. »Es wäre besser gewesen, wenn er uns in die Schweiz gebracht hätte – warst du schon mal dort?« Ich nicke, »so ein hübsches, harmonisches Land«, murmelt sie. Als sie einmal Ahmed Oheid ihre Kritik an Mose vortrug, habe der abgewunken: »Ester, du und ich, wir sind Asiaten. Die Schweiz wäre viel zu kalt für uns.«

6.
Warum Jonathan Agassi den Sex mit Arabern schätzt

Ein Sommer zwischen Stalingrad und Côte d'Azur

Es ist Freitag, es ist August, und es ist heiß. Niemand bewegt sich, der es nicht unbedingt muss – und wer es doch muss, tut es schleichend. Die ganze Stadt hofft auf eine Regenwolke, ein Donnerwetter und auf zwei, drei Minuten Abkühlung. Doch weder Blitz noch Donner lassen sich blicken, stattdessen kündigen sich Stahlgewitter an. Sirenen heulen auf, Autos stoppen auf der Straße, Menschen springen aus den Wagen und flüchten sich in Hauseingänge. Eine Frau drückt einen Jungen an sich, seine Augen sind feucht, seine Hose ist nass. Es ist Freitag, es ist Sommer, und es ist Krieg.

Seit dreieinhalb Wochen geht das so, Qassam-Raketen werden auf Aschdod und Aschkelon gefeuert; Grad-Raketen fliegen Richtung Tel Aviv und Jerusalem. Es sei die Zeit gekommen, den »zionistischen Feind« vom bitteren Geschmack der Niederlage kosten zu lassen, säbelrasselt die Hamas. Wenige Stunden nach dem letzten Raketenangriff auf Tel Aviv bin ich mit dem »zionistischen Feind« zum Frühstück verabredet. Der aber klingt nicht verbittert, sondern so sauer wie zwei Zentner Zitronen: Er habe genug von diesem »Irrsinn«, schimpft Jonathan Agassi und rührt ein drittes Päckchen Zucker in den Kaffee. Agassi ist ein »schwuler Künstler«, wie er sagt, und mag es ganz offensichtlich süß. Die Raketen hätten ihm zwar noch nicht den Kopf abgerissen, klagt er mit düsterem Pathos in der Stimme, sein Geist aber sei ein »elendes

Wrack« und das Herz eine »einzige blutige Wunde«. Ich streue ein bisschen Salz in diese Wunde.

»Fühlst du dich schuldig für die Verbrechen, die ihr Zionisten der Hamas angetan habt?«

»Nein, definitiv nicht. Welches Verbrechen habe ich denn begangen?«

»Um Genaueres zu erfahren, müsstest du die Hamas fragen, vermutlich meint sie aber den Krieg.«

»Aber wir sind doch nicht eines Morgens aufgewacht und haben uns gedacht: Heute ziehen wir in den Krieg. So läuft das doch nicht.«

»Wie läuft es denn?«

»Ganz offensichtlich hat jemand etwas Böses gemacht, und deshalb mussten wir so reagieren. Alle reden immer nur darüber, was wir den Palästinensern angetan haben, aber schaut auch mal jemand, was uns angetan wird? Sie haben drei Kids entführt und Tausende Raketen auf uns geschossen – was sollen sie denn noch alles machen, bevor wir uns wehren dürfen?«

Eine gute Frage, auf die nicht mal die deutsche Bundeskanzlerin im Sommer 2014 eine eindeutige Antwort fand. Israel habe »ein Recht auf Selbstverteidigung«, hatte Angela Merkel wenige Tage zuvor gesagt, beeilte sich dann aber hinzuzufügen, dass dieses Recht »natürlich angemessen« durchgeführt werden müsse. Sie unterließ es aber – natürlich –, zu spezifizieren, was eine angemessene Selbstverteidigung von einer unangemessenen unterscheidet. Während Deutschland darüber rätselte, wie die Worte der Kanzlerin zu deuten waren, durchlebte Agassi einen Sommer zwischen Côte d'Azur und Stalingrad. »Es ist bizarr«, sagt er, »in der Nacht fürchtet man um sein Leben, am Nachmittag sonnt man sich am Strand.« Für den schwulen

Künstler ist dieses Leben ganz und gar nicht angemessen: »Ich ertrage den Klang der Sirenen nicht, und ich will auch keine Leichen mehr im Fernsehen sehen. Ich bin einfach nicht für den Krieg gemacht.«

Dass das mit ihm und dem Krieg nichts werden würde, war ihm schon in jungen Jahren bewusst. Es sei »keine gute Idee«, ihn zum Wehrdienst einzuziehen, warnte er die israelische Armee bei der Musterung. Die Streitkräfte sahen es ähnlich und schickten Agassi wieder nach Hause. Getragen hat er die Uniformen der Armee später trotzdem – vornehmlich dann, wenn Besuch aus dem Reich Merkels kam. »Man kann die Uhr danach stellen: Spätestens nach einer Stunde bitten sie dich darum, eine anzuziehen.« Verstehen kann er das nicht, kopfschüttelnd schiebt er es auf kulturelle Unterschiede: »Ihr Deutschen seid süchtig nach Uniformen.« Ich stelle mir Agassis durchtrainierten, von der Sonne geküssten Körper in den olivgrünen Hemden der israelischen Infanterie vor. Und tatsächlich: Très chic, denkt das deutsche Gen in mir.

Persönlich bevorzugt Agassi hingegen einen extravaganteren Stil – gerade wenn die jüdischen Feiertage ins Haus stehen. »Beim letzten Purim-Fest trug ich achtzehn Zentimeter hohe Stöckelschuhe und Unterwäsche aus Leder. Glaub mir, ich sah wirklich, wirklich heiß aus.« Ich glaube ihm sofort. Wenn die Feiertage aber vorbei sind und die Arbeit ruft, kleidet sich Agassi im Adamskostüm: Dreiundfünfzig Filme hat er in den letzten Jahren gedreht, in keinem einzigen davon war er vollständig bekleidet. Was Agassi als schwule Kunst bezeichnet, wird von anderen dem Genre der Pornographie zugerechnet. Ich habe zionistische Schriftsteller kennengelernt und zionistische Nobelpreisträger getroffen, ob es auch zionistische Pornostars gibt?

»Jonathan!«

»Ja!«

»Kennst du diesen Typen?« Ich halte ihm meine Ausgabe vom *Judenstaat* entgegen, ein Foto von Herzl schmückt die Umschlagseite.

»Ja, kenne ich. Oder, besser: Ich habe von ihm gehört.«

»Seine Bücher hast du nicht gelesen?«

»Nee, leider nicht.«

Die Menschen in diesem Land mögen Herzl verehren und Straßen nach ihm benennen; weshalb sie es tun, bleibt ihnen bisweilen schleierhaft. Ich bin, das Gefühl beschleicht mich zusehends, einer der wenigen Menschen im Judenstaat, der den *Judenstaat* tatsächlich gelesen hat. Weil wir inhaltlich an dieser Stelle nicht weiterkommen, versuche ich es mit den Äußerlichkeiten. »Findest du Herzl attraktiv, würdest du einen Film mit ihm drehen?« Die Antwort kommt mit weit aufgerissenen Augen: »Nein! Bloß nicht!« Auch mein Verweis auf Herzls beeindruckenden Bart findet bei Agassi kein Gehör: »Die Augen sind ganz süß, aber der Bart? Nö, der müsste ab.« Vielleicht waren es ja bartlose Zionisten wie Begin oder Ben-Gurion, die den schwulen Künstler geprägt haben, denke ich mir und stelle ihm die Gretchenfrage: »Bist du ein Zionist?«

»Hättest du mich das vor zwei Monaten gefragt, wäre meine Antwort wohl anders ausgefallen. Aber in den letzten Wochen ist mir Israel enger ans Herz gewachsen.«

»Was ist geschehen?«

»Der Krieg brach aus, und ich habe damit begonnen, über Israel zu lesen. Ich war davor nicht so sehr interessiert an unserer Geschichte, an Gaza und all diesen Dingen. Mir ist klar geworden, dass die Welt nicht gerecht zu uns ist. Wir Juden haben eine Menge gelitten in der Vergangenheit, weißt du?«

Ich nicke heftig. Wenn ein Deutscher etwas weiß, dann das.

»Ich glaube, wir haben uns mit dieser Vergangenheit unseren eigenen Staat verdient. Bin ich deshalb schon ein Zionist? Eher nicht.«

Agassi mag es nicht bewusst sein, mit seinem Wunsch nach einem selbstbestimmten Leben in einem jüdischen Nationalstaat erfüllt er aber bereits alle Kriterien, die landläufig an lupenreine Zionisten angelegt werden. In der Abschlusserklärung des ersten Zionistenkongresses von 1897 legten Herzl und seine Mitstreiter fest: »Der Zionismus erstrebt für das jüdische Volk die Schaffung einer öffentlich-rechtlich gesicherten Heimstätte in Palästina.«

Agassi zeigt sich einsichtig, als ich ihn mit diesen Fakten konfrontiere: »Dann war ich wohl ein Zionist, ohne es zu wissen.« Die Schuld für seine Unbedarftheit in zionistischen Fragen lastet er seinem Elternhaus an. Politik sei dort nur rudimentär besprochen worden. Wann immer er seine Mutter nach dem Stand der politischen Dinge befragt habe, habe sich ihre Antwort in wenigen Worten erschöpft: »Es ist alles schlecht.«

Als gut befand Agassis Mutter hingegen all das, was ihren Sohn umtrieb. »Sie hat mich in allem, was ich gemacht habe, unterstützt«, sagt er. Ich hake nach: In wirklich allem, also auch in seinem Streben nach Erfolg in den schwulen Künsten? Offensichtlich auch dort: »Sie hat zwar keinen einzigen Film von mir gesehen, aber ohne ihre Unterstützung wäre auch kein einziger erschienen.«

Untermauert wird Agassis Behauptung von einem Interview, das das israelische Fernsehen vor einigen Jahren mit seiner Mutter führte. »Menschen, die man liebt, muss man die Freiheit geben, sich zu entfalten – auch wenn einem das nicht leichtfällt«, sagte eine sichtbar stolze Frau Mama dort. Ich kenne Jonathan Agassi erst einen Cappuccino lang, schon jetzt weiß ich aber, dass dieser Mann Ergebnis der Erziehungsarbeit einer sogenannten »jüdischen Mutter« respektive »polnischen Mutter« ist, wie man sie in Israel kennt.

Woher ich das weiß? Nun, wenn es in Nordeuropa eine Mutter gibt, die alle Merkmale einer jüdischen Mutter trägt, dann ist es meine eigene. Jüdische Mütter, so eines der Klischees, sind stolze Mütter, die dazu tendieren, die Fähigkeiten des eigenen Nachwuchses zu verklären. Mag die ganze Welt auch am Talent des Kindes zweifeln, die jüdische Mutter tut es nie. Selbst beim zehnten »mangelhaft« im Schulzeugnis ist sie noch überzeugt davon, ein Wunderkind, ein Genie hervorgebracht zu haben. Wäre es etwa nach meiner Mutter gegangen, hätte ich frei wählen können zwischen einem Leben als Astronaut, als Olympiasieger im Kugelstoßen oder als Kaiser von Korea. »Die Welt steht dir offen!«, das versprach sie mir nicht nur einmal – ohne sich vorher mit der NASA, dem Olympischen Komitee oder dem koreanischen Volk über die Details besprochen zu haben.

Gleichzeitig, das ist ein weiteres Merkmal, lebt die jüdische Mutter in ständiger Sorge um Leib und Leben der eigenen Brut. Um den Nachwuchs vor fatalen Fehltritten zu bewahren, appelliert sie jedoch nicht an die Einsicht des Zöglings, sondern bereitet ihm ein diffuses Gefühl der Schuld. Als ich meiner Mutter mit Mitte zwanzig offenbarte, dass ich die kommenden zwölf Monate im Land von Mose, Muhammed und Nahostkonflikt verbringen würde, sprach aus ihr blankes Entsetzen: »Dann gehe mit Gottes Segen, meinen hast du nicht.« Meine Mutter ist übrigens Agnostikerin und war noch niemals in Polen.

Auch Theodor Herzl war Nutznießer respektive Opfer einer jüdischen Mutter. Genau wie ich bat auch er vor jeder Reise um den Segen seiner Mutter, und genau wie ich wurde der ihm bisweilen verwehrt: »Was kann dir der Segen eines schwachen Weibes bedeuten?«, soll seine Mutter vor einer seiner Reisen gegrummelt haben. Der Appell an die Schuldgefühle des Nachwuchses war offensichtlich auch im Hause Herzl ein gängiges Instrument der Erziehungsarbeit. Überhaupt nahm Jeanette Herzl die Erziehung ihres Sohnes überaus ernst: Ehrgeizig bis in die Zehenspitzen sei sie gewesen, frotzelte die nahe Verwandtschaft. Lange bevor ihr Sohn seinen ersten Schultag feierte, zerrte sie ihn in den Klavierunterricht und heuerte Privatlehrer an, die ihm Französisch, Englisch, Italienisch und Hebräisch einbläuen sollten. Letzteres mit wenig Erfolg, wie wir mittlerweile wissen. Das Versagen in der Sprache der Juden ist dabei nicht das einzige Indiz, das auf ein gewisses Desinteresse Herzls für den Glauben seiner Vorfahren schließen lässt. Mit fünfzehn Jahren legte er der Mutter ein Zeugnis vor, in dem die Note »ungenügend« dreimal vergeben war – einmal davon im Fach Religion.

Die beste Klausur, eine »gut«, gab es für seine Leistungen im Deutschunterricht. Auch das war nicht zuletzt ein Verdienst der Mutter. Denn sie war es, die ihrem Sohn die Literatur schmackhaft gemacht hatte. Herzl biss an: Er verschlang Schiller, verehrte Lenau und vergötterte Heine. Wie sie wollte er werden: Von Lenau borgte er sich den

Weltschmerz, von Heine die Ironie – und von Mutter Jeanette einen Notizblock. Schnell fand er allerdings heraus, dass nicht zwangsläufig zum Helden wird, wer die eigenen Helden bestiehlt. Nichts als »Plagiate« habe er anfangs produziert, schimpfte er selbstkritisch in seinem Tagebuch. Von einem Rabbi nach seinem Berufswunsch gefragt, fiel ihm dennoch nur eine einzige Antwort ein: »Ich will Schriftsteller werden.« Da kam es gelegen, dass die Familie 1878 nach Wien zog. In den Kaffeehäusern der österreichischen Hauptstadt drängten sich damals die Schriftsteller enger aneinander als die Bücher in der Wiener Hofbibliothek.

Es waren seltsame Zeiten. Zwar herrschte im Reich der Kaiser Franz Joseph I., ein reaktionärer Kulturbanause, dessen Regierungsstrategie sich im Durchwursteln und Festhalten am Status quo erschöpfte. In der Hauptstadt des Reiches aber regierte der Liberalismus – und mit ihm die Künste. Der Ministerpräsident oder der reichste Magnat konnte unerkannt durch die österreichische Hauptstadt gehen, schrieb Stefan Zweig über diese goldenen Wiener Jahre; wenn aber ein Schauspieler oder eine Opernsängerin vorbeilief, wurden sie von jeder Verkäuferin und jedem Kutscher erkannt. »Nicht das Militärische, nicht das Kommerzielle hatte im Leben des einzelnen wie in dem der Gesamtheit das Übergewicht; der erste Blick eines Wiener Durchschnittsbürgers in die Zeitung galt allmorgendlich nicht den Diskussionen im Parlament oder den Weltgeschehnissen, sondern dem Repertoire des Theaters, das eine für andere Städte kaum begreifliche Wichtigkeit im Leben einnahm.«

Herzl liebte dieses Leben. In der Nacht schrieb und dichtete er, die Nachmittage verbrachte er mit anderen

Literaturverliebten im Kaffeehaus. An den Abenden wiederum fand man Herzl vorzugsweise im Theater oder in der Oper. Was vom Tage übrig blieb, und das war nicht viel, verwendete er lustlos und widerwillig auf sein Jurastudium an der Wiener Universität. Alles tat er dafür, um nicht als Advokat, sondern als Autor zu enden: Er bombardierte die Redakteure und Herausgeber der Zeitungen mit Gedichten, Kurzgeschichten und Novellen. Doch seine Versuche, sich als Literat zu etablieren, verliefen nur mäßig erfolgreich. Von den großen Theaterhäusern in Deutschland und Österreich hagelte es Absagen. Kein Wunder also, dass Herzl 1887 in seinem Tagebuch seufzte: »Ich verschmachte nach Erfolg.«

Das Schmachten fand erst ein Ende, als er seine literarischen Hoffnungen aufgab. Mit Anbruch der neunziger Jahre arbeitete er als Redakteur für die *Neue Freie Presse*. In der Arbeitszeit berichtete er von den Geschichten, die die Welt bewegten, in seiner Freizeit versuchte er, Geschichte zu schreiben. Mit der gleichen Besessenheit, mit der er vorher die Feuilleton-Journalisten bedrängt hatte, schrieb er nun Briefe und knüpfte Kontakte, um Mitstreiter für seine Vision vom Judenstaat zu gewinnen. Theodor Herzl war zum Zionisten geworden, und die Arbeit am *Judenstaat* füllte ihn durch und durch aus, wie eine Notiz im Tagebuch aus dem Jahr 1895 beweist: »Ich habe in diesen Tagen öfters befürchtet, irrsinnig zu werden. So jagten die Gedankenzüge erschütternd durch meine Seele. Ein ganzes Leben wird nicht ausreichen, Alles auszuführen. Aber ich hinterlasse ein geistiges Vermächtnis. Wem? Allen Menschen. Ich glaube, ich werde unter den größten Wohltätern der Menschheit genannt werden.«

Der Höhepunkt folgte zwei Jahre später. 1897 lud Herzl zum ersten Zionistenkongress nach Basel ein. Was er im *Judenstaat* schriftlich festgehalten hatte, sollte von der Schweiz aus den Weg vom Papier in die Realität finden. Zweihundert Delegierte waren aus aller Welt angereist. Was auf dem Kongress genau geschehen sollte, wusste allerdings nur Herzl selbst. Von der Auswahl der Kongresshalle bis zur Farbe des Tisches, an dem die Kongressleitung saß (grün) – nichts überließ er dem Zufall und noch weniger seinen zionistischen Mitstreitern. Die männlichen Kongressteilnehmer bat er, im Frack und mit weißer Halsbinde zu erscheinen. »Die Leute sollen sich daran gewöhnen, in diesem Congress das Höchste und Feierlichste zu sehen.« Widerstand war zwecklos, wie Herzls Freund und Vertrauter Max Nordau erfahren musste. Als dieser fracklos im Saal erschien, wurde er postwendend von Herzl wieder heimgeschickt. »Nach einer Viertelstunde kam er im Frack wieder«, notierte Herzl sichtlich befriedigt ins Tagebuch.

Dann, um kurz nach zehn Uhr, kam sein großer Auftritt. Herzl betrat den Saal in Basel und bahnte sich seinen Weg zur Bühne. Augenzeugen zufolge war das kein leichtes Unterfangen: Die Delegierten empfingen ihn mit »Beifallsstürmen«, wie es in seinem Tagebuch heißt; sie streckten ihm ihre Hände entgegen und suchten nach einer flüchtigen Berührung. Jedes Bein stampfte, jede Hand klatschte, und jede Lippe pfiff. Herzl selbst zeigte sich unbeeindruckt von den tumultartigen Geschehnissen. Weder trieb ihm die Aufregung den Schweiß auf die Stirn, noch schlotterten seine Knie, als er zur Begrüßungsrede ansetzte. »Ich war u. blieb ruhig«, notierte er über die wichtigsten Minuten seiner politischen Karriere. Die

Rede selbst geriet vergleichsweise nüchtern: Er ermahnte die Anwesenden, sich in ihren Wortbeiträgen kurz zu fassen, denn man habe »viel Wichtiges« zu besorgen: »Wir wollen den Grundstein legen zu dem Haus, das dereinst die jüdische Nation beherbergen wird.«

Den Delegierten war der Mangel an Verve an diesem Vormittag egal, sie hätten Herzl wohl auch dann noch zugejubelt, hätte er lautstark Geschlechtsverkehr mit den Staatsoberhäuptern von Preußen, Frankreich und England eingefordert. Es folgte daher »stürmischer Beifall« auf Herzls Rede, wie der Stenograph trocken im Kongressprotokoll festhielt. Anderen Berichten zufolge fielen Frauen vor Verzückung in Ohnmacht, während gestandene Männer gar religiöse Erscheinungen durchlitten. »Als ich ihn in seiner vollkommenen Schönheit sah, als ich in seine Augen blickte, die mir ein mystisches Geheimnis zu verbergen schienen, da jauchzte es in meiner Seele auf: Das ist Er, er der Ersehnte, der heiß Geliebte, der Gesalbte des Herrn, der Messias«, schwärmte der polnische Journalist Mayer Ebner über den Mann, dem Jahre zuvor vom Religionslehrer ungenügendes theologisches Wissen bescheinigt worden war. Doch Herzl trieb nicht nur Frauen ins Koma und polnische Journalisten in die Halluzination – auch er selbst war mit seinem Auftritt alles in allem zufrieden: »In Basel habe ich den Judenstaat gegründet«, schrieb Herzl nach dem Kongress ohne falsche Bescheidenheit ins Tagebuch. »Vielleicht in fünf Jahren, jedenfalls in fünfzig Jahren« werde das jeder einsehen. Herzl verschätzte sich nur knapp: Einundfünfzig Jahre später wurde der Staat Israel gegründet. Seine jüdische Mutter ließ er schriftlich an diesem Karrierehöhepunkt teilhaben: Vom Kongress schickte er ihr eine Postkarte.

Zurück in die Zukunft, zurück nach Israel. Tel Aviv sei ein Land innerhalb eines Landes und die Bewohner der Stadt folglich ein Volk innerhalb eines Volkes, schrieb der Sänger und Komponist Eli Mohar vor einigen Jahren über das Leben in der Küstenstadt. Etwas pathetischer, im Kern aber ähnlich beschrieb den Unterschied zwischen dem Leben in Tel Aviv und dem Restland ein junger Dichter an dem Abend, an dem ich Yarden kennenlernte. Ob es ein Freitag war, weiß ich nicht mehr. Dass mal wieder Krieg war, weiß ich hingegen noch sehr gut, denn es war mein erster. Mit dem Klang der Sirenen war ich bislang nicht vertraut, doch ihre Botschaft wusste ich intuitiv zu deuten: »So wie es derzeit aussieht, bist du gleich tot«, schienen sie mir ins Ohr brüllen zu wollen. Nicht nur einmal dachte ich in diesen Stunden darüber nach, bei der UNO in New York anzurufen und vorsorglich um Aufnahme in die Opferstatistik zu bitten. Als der Abend kam, beschloss ich, dass der Blick auf die makellos weiße Wand nicht der letzte in meinem Leben sein sollte. Ich verließ das Haus und stellte fest, dass meine Todesängste von den restlichen Stadtbewohnern nicht geteilt wurden.

In den Restaurants aßen hungrige Menschen, in den Kneipen drängten sich die Durstigen. Dass es sich um das letzte Mahl oder Getränk handeln könnte, schien indes nur ich zu befürchten. Kriegsunerfahren, wie ich war, entschloss ich mich dazu, es den Israelis gleichzutun. Ich setzte mich in eine Bar und rief die Kellnerin. Dreißig, vielleicht vierzig Menschen hingen dort an den Lippen eines Poeten, der eine rührende Hymne auf seine Stadt vortrug. Von der letzten Blume in der Wüste schwärmte der junge Mann, die, obwohl von Hitze und Trockenheit geplagt, sich weigert, zu verwelken. Nun ist die nächste Wüste von Tel Aviv zwar noch eine gute Autostunde entfernt, derlei geographische Finessen schienen Yardens Begeisterung für die Worte des Dichters jedoch nicht zu schmälern. Sie hatte auf dem Stuhl neben mir Platz genommen und applaudierte derart engagiert, dass ich aus Angst vor Kollateralschäden meinen Gin Tonic in Sicherheit brachte.

Nach einer halben Stunde gingen dem Dichter die Reime aus, und ich kam mit Yarden ins Gespräch. Wir plauderten über dies, das und jenes, bevor wir herausfanden, dass wir beide eine Liebe teilten: die Liebe für den Schriftsteller Yuri Testikov. Um das Œuvre des Russen im Detail besprechen zu können, lud mich Yarden in ihre Wohnung ein. Doch dort angekommen, war von Testikov keine Rede mehr. Wir tanzten zu Nasir Jones, wir tranken und taten alles, um den Krieg zu vergessen. Oder, besser: Sie tanzte wie John Travolta, ich trank wie Richard Burton.

Denn so ganz geheuer war mir der Frieden im Krieg noch immer nicht. Nach ein paar Takten raubten uns Gin und Erschöpfung die Balance. Wir sanken zu Boden, küssten uns, schworen uns Dinge, die man sich am besten niemals, auf keinen Fall aber in der ersten Nacht schwört. Dann verließ uns das Bewusstsein. Das Geheul der Sirenen holte uns aus dem Schlaf und zurück in die Realität. Die Hamas schickte neue Grüße aus dem Gazastreifen, fünfzehn Sekunden blieben, um uns in den Bunker zu retten. Doch wir blieben lieber liegen. 3, 2, 1 – Pauh! Eine Abfangrakete der »Eisernen Kuppel« holte das Geschoss der Gotteskrieger vom Himmel. Yarden quittierte die nächtliche Ruhestörung mit einer Arie von Flüchen, die sich gegen die »jüdischen Extremisten« im Westjordanland und das komplette israelische Kabinett richteten.

Die Mechanik der Liebe

Ähnlich wie Yarden sieht es auch Neuzionist Agassi. Es seien nur die beiden Regierungen, die »Stress« miteinander hätten, »auf einer persönlichen Ebene kommen wir Juden und die Araber gut miteinander aus«, versichert er mir und belegt es mit einem Verweis auf einen Film (»Steck ihn rein«), den er kürzlich mit dem Palästinenser Edji Da Silva gedreht hat.

»Wie ist der Sex mit Arabern?«

»Wie mit allen Nahostlern – sehr leidenschaftlich.«

»Also besser als mit uns Europäern?«

»Es gibt schon einen großen Unterschied zwischen Europäern und Nahostlern. Wir mögen es, wenn Emotionen im Spiel sind. Selbst wenn es nur eine Fünf-Minuten-Nummer ist, sollte da ein bisschen Augenkontakt sein und ein paar Berührungen. Ich glaube, in der restlichen Welt geht es im Bett mechanischer zu. Aber immer wenn ich Sex mit Arabern hatte, gab es da diese Wärme zwischen uns.«

»Wenn es im Bett so gut läuft, warum ist es dann so schwer, diese Wärme auf die Politik zu übertragen?«

»Ich weiß es nicht, wirklich nicht. Aber wenn es nach mir ginge, können wir alle in Frieden miteinander leben.«

Damit es nicht einfach nur bei der Friedensbekundung bleibt, verspricht Agassi auch konkrete Schritte zur interkulturellen Verständigung: »Wenn ich mal Kinder habe, werde ich ihnen alle schönen Dinge zeigen. Ich will definitiv einen Weihnachtsbaum haben, die liebe ich! Aber ich will auch, dass sie sich an Purim verkleiden. Und vielleicht werde ich ihnen auch noch eine dritte Religion beibringen.«

»Wie wäre es mit dem Islam?«

»Hm, vielleicht lieber den Buddhismus.«

Alle drei monotheistischen Religionen unter seinem Dach zu beherbergen geht offensichtlich dann selbst dem toleranten schwulen Künstler zu weit. Und ich gebe zu: Ich habe Verständnis. Die Aussicht auf Djihad im Kinder- und Siedlungsbau im Wohnzimmer klingt auch in meinen Ohren besorgniserregend.

Das aber ist Tel Aviv: eine Stadt, in der man sich statt mit den parlamentarischen Debatten und dem Weltgeschehen lieber mit dem Repertoire der Kinos, Theater und Nachtclubs beschäftigt. Und wenn sich doch mal der Nahostkonflikt in die Metropole am Mittelmeer verirrt, sind wahlweise die Siedler aus dem Westjordanland oder die Politiker aus Jerusalem schuld – man selbst ist es aber nie. Tel Aviv sei ein Zufluchtsort vor all den Verrückten und Sorgen, die das Land quälten, fasste der Journalist Doron Rosenblum den Blick der Tel Aviver auf die eigene Stadt zusammen. Und um in Tel Aviv als Verrückter durchzugehen, reicht es aus, eine Kippa zu tragen oder bei den Parlamentswahlen für eine konservative Partei zu stimmen. Prachtstraßen und Prunkbauten, wie man sie in Herzls Wien fand, sucht man in Tel Aviv vergeblich. Der liberale Geist aber, der in jeder Zeile Herzls durchschimmert, lebt in Tel Aviv fort.

7.
Warum Dani Dayan an einem Ort lebt, an dem er nicht leben will

Der jüdische Extremist

Revolution als Beruf? Eine todsichere Karriereentscheidung mag das nicht sein, immerhin aber eine vielseitige. Revolutionäre schreiben Pamphlete wie Thomas Paine, robben wie Che Guevara mit der AK47 auf dem Rücken durch das Südseeparadies Kuba – oder sie bauen Häuser wie Dani Dayan. Letzterer sieht sich als Verfechter der »zionistischen Revolution«, und dass er eines Tages zum Revoluzzer werden würde, war bereits in jungen Jahren abzusehen. »Ich stamme aus einer recht zionistischen Familie«, erinnert sich der gebürtige Argentinier und untertreibt dabei maßlos. Denn zu den Helden seiner Jugend zählen nicht nur die Spieler der Fußballmannschaft Boca Juniors, sondern auch die Kämpfer der Itzel: »Von beiden kannte ich die Namen auswendig.« Dayans Eltern taten ihrerseits alles dafür, um das zionistische Feuer in den Herzen ihrer Kinder zu entfachen. Als bei seinem großen Bruder die *Brit Milah* anstand, wurde von Dayans Vater niemand Geringeres als Patenonkel angeheuert als der Mann, der Amos Oz einmal einen vergnüglichen Vormittag bereitet hatte: Menachem Begin.

Für das ungeschulte Auge wirkt Dayans Revolution dabei eher piefig als aufrührerisch. Gebaut hat er sein Haus in Ma'ale Schomron, einem kleinen Dorf, dreißig Kilometer östlich von Tel Aviv. Die Straßen dort sind frei von Schlaglöchern, der Rasen in den Vorgärten ist säuberlich getrimmt – statt revolutionärer Rufe in den Straßen hört man Grillen in den Büschen zirpen. Was also macht Dayan zum Aufständischen? Es ist das Land, auf dem er gebaut hat. Es liegt außerhalb der israelischen Grenzen von 1967, was Dayan wiederum zum Siedler im Westjordanland macht. Oder, wie es Yarden nennt: zum »jüdischen Extremisten«.

Suspekt ist Dayan vielen seiner Landsleute dabei noch aus anderen Gründen. Das begann schon, als er mit fünfzehn Jahren aus Argentinien einwanderte. Auf Drängen seiner jüdischen Mutter hin trug er auch Monate nach der Einwanderung weiterhin die Standardgarnitur des argentinischen Schuljungen auf: Jackett, Stoffhose und einen Schlips. »Sie dachten, ich sei ein Alien«, erinnert sich Dayan seufzend an die Blicke seiner Mitschüler. In Israel macht man sich in diesem Aufzug verdächtig. Denn dort wird ein Anzug exakt zwei Mal im Leben getragen. Das erste Mal vor dem Traualtar, das zweite Mal dann in der Vertikalen und wenn eh schon alles zu spät ist.

Ein Alien blieb Dayan auch dann noch, als er Schlips und Anzüge den Motten im Kleiderschrank überlassen hatte. Zwar fand er in der Siedlerbewegung seine politische Heimat, doch er gehört nicht zu jenen, die eine Bibel an ihr Herz drücken und darauf hoffen, aus ihr möge die Wahrheit sprechen. Dort, wo bei den Siedlern für gewöhnlich die Kippa sitzt, sprießt bei Dayan eine Glatze. Auch ansonsten gibt er sich für einen jüdischen Extremisten äußerst weltlich: »An den Pessach-Feiertagen verzichte ich auf Pasta, und an Jom Kippur faste ich. Das muss reichen.« Der Grund für seine religiöse Zurückhaltung ist ein banaler, die Frage nach der Existenz Gottes hat er noch nicht abschließend geklärt: »Ich werde der Frage nachgehen, wenn ich in Rente gehe.« Vielen anderen jüdischen Extremisten war er mit diesem Lebensstil zwar verdächtig, zum Vorsitzenden des Siedlerrates haben sie ihn 2007 dann trotzdem gewählt.

»Wie haben die Siedler auf dich reagiert«, frage ich Dayan.

»Sie mussten schlucken. Dass ein säkularer, nichtreligiöser Siedler sie vertreten wollte, überstieg ihr Vorstellungsvermögen. Manche haben mich gar als Verräter beschimpft.«

»Bist du einer?«

»Ganz und gar nicht. Ich bin sehr wohl ein religiöser Mensch: Meine Religion ist der Zionismus. Ich bin dabei kein gemäßigter oder reformierter Zionist, ich bin ein Ultra-Orthodoxer-Zionist!«

»Oha. Dann müsste Theodor Herzl dein Prophet sein ...?«

»So weit will ich nun nicht gehen.«

»Wie weit würdest du gehen?«

»Herzl war eine gigantische Persönlichkeit, sowohl in politischer wie auch in historischer Hinsicht.«

»Zwei Bücher machen einen Giganten?«

»Entscheidend ist, was diese Bücher ausgelöst haben. Wir Juden wurden vor zweitausend Jahren von diesem Ort vertrieben, du findest aber in dieser Gegend auf jedem Quadratzentimeter noch Überreste von jüdischer Kultur und jüdischer Tradition. Das ist der Grund, warum wir uns in den vergangenen zweitausend Jahren danach gesehnt haben, an diesen Ort zurückzukehren. Herzl hat dieses Sehnen in eine politische Bewegung transformiert.«

»Über Siedlungen im Westjordanland hat Herzl doch nie geschrieben ...«

»Wie gesagt, nur weil ich orthodoxer Zionist bin, heißt das nicht, dass Herzl für mich das ist, was Muhammed für die Muslime ist: Seine Worte sind nicht heilig.«

»Was hätte er besser machen können?«

»Für Herzl war der Judenstaat einzig ein Mittel zum Zweck. Er drängte auf die Gründung des Staates, weil er die Juden vor den antisemitischen Übergriffen in der Diaspora schützen wollte. Für mich ist das nur ein Teilaspekt. In meinem Haus gibt es zwei Fenster, wenn ich durch das eine schaue, sehe ich Richtung Westen. Wenn das Wetter mitspielt, kann ich von dort die Wolkenkratzer von Tel Aviv und den Küstenstreifen des Mittelmeeres erkennen. Ich werde jeden Morgen daran erinnert, dass ich ein Schutzschild für diese Stadt bin. Das andere Fenster ist nach Norden ausgerichtet. Und wenn ich dort rausschaue, kann ich auf eine archäologische Ausgrabungsstelle sehen. Unsere Vorväter haben dort vor dreitausend Jahren Wein angebaut. Das erinnert mich daran, dass ich in meinem Land angekommen bin.«

Neuer Anlauf für die zionistische Revolution

Auch wenn Dayan in Herzl keinen Propheten erkennen mag, den Begründer der »großartigsten Revolution der Neuzeit« sieht er in ihm dennoch. Mögen Dayan und Herzl nicht in vielen Dingen einer Meinung sein, zumindest in diesem Punkt würde er ungeteilte Zustimmung vom Österreicher bekommen. Denn als einen Aufständischen, als einen Revolutionär begriff sich auch Herzl. Zumal als einer, der sich mehr um das große Ganze und nicht so sehr mit den Details aufhielt. Auf dem ersten

Zionistenkongress in Basel mag er den Judenstaat gegründet haben, von allen Übungen war das gleichwohl die einfachste. Viel schwieriger gestaltete sich hingegen die Einigung der Zionisten darauf, auf welchem Flecken Erde dieser Staat entstehen sollte. Denn natürlich gelang es den Zionisten nicht im Ansatz, sich auf eine gemeinsame Position hinsichtlich der Grenzen und der genauen geographischen Lage des Staates zu verständigen. Die viertausend Jahre alte Lust am Zanken machte den Juden auch hier einen Strich durch die Rechnung. Sollte der Staat in Palästina, Uganda oder doch besser in Argentinien entstehen? Herzl selbst behandelte diese Fragen zeitlebens leidenschaftslos, und hätte Koreas Kaiser ihm einen Flecken Erde auf der koreanischen Halbinsel angeboten, der Österreicher hätte dankend angenommen.

Man werde nehmen, was man bekomme, schrieb er im *Judenstaat*. Eine Zeit lang habe er an Palästina gedacht, so Herzl. »Dieses würde sich empfehlen, weil es der unvergessene Stammsitz unseres Volkes war, weil der Name allein schon ein Programm wäre und weil es die unteren Massen stark anziehen könnte.« So ganz geheuer schien ihm das Land seiner Vorfahren gleichwohl nicht: »Die meisten Juden sind keine Orientale mehr, haben sich an ganz andere Himmelsstriche gewöhnt«, schrieb er weiter und meinte damit wohl nicht zuletzt sich selbst. Abgesehen davon war Herzl der Meinung, dass den Juden nach zweitausend Jahren eine kleine Pause von der europäischen Kultur guttun dürfte: »Auch ist Europa noch zu nahe, und im ersten Vierteljahrhundert unseres Bestandes müssen wir für unser Gedeihen von Europa und von dessen Kriegs- und sozialen Verwicklungen Ruhe haben.«

Als Alternative zu Palästina brachte er im *Judenstaat* daher Argentinien ins Spiel. »Argentinien ist eines der natürlich reichsten Länder der Erde, von riesigem Flächeninhalt, mit schwacher Bevölkerung und gemässigtem Klima«, schrieb er. Die Regierung des südamerikanischen Staates hatte Herzl zwar nicht in seine Überlegungen mit einbezogen, war sich aber sicher, dass sie seine Pläne begrüßen würde: »Die argentinische Republik hätte das grösste Interesse daran, uns ein Stück Territorium abzutreten.« In Buenos Aires schien man die Dinge anders zu sehen – weder wurde der Österreicher zum Staatsbesuch eingeladen, noch wurde ihm auch nur ein Quadratzentimeter Land in Aussicht gestellt. Von den Argentiniern ignoriert, begann Herzl stattdessen die britische Regierung zu umgarnen. Und tatsächlich stellte Großbritanniens Kolonialminister Joseph Chamberlain dem Zionisten 1903 rund dreizehntausend Quadratkilometer Land auf dem Gebiet des heutigen Kenia in Aussicht. Doch der Uganda-Plan – als der er irrtümlicherweise in die Geschichte einging – sollte nicht Herzls größter diplomatischer Sieg werden, sondern entwickelte sich zu seiner größten Niederlage.

Statt Applaus und Anerkennung kassierte Herzl eine eiskalte Abfuhr, als er das großzügige Angebot der Briten beim sechsten Zionistenkongress vorstellte. »Palästina oder nichts!«, protestierten viele der Kongressteilnehmer wütend, die Mehrheit der russischen Delegation stürmte gar empört aus dem Saal. In seinem Tagebuch klagte er bitterlich über den Gegenwind aus den eigenen Reihen: »… es streifte keinen von ihnen auch nur sekundenlang der Gedanke, dass mir für die grössten der bisherigen Leistungen ein Wort, ja ein Lächeln des Dankes gebühre«. Unter den Zionisten mochte die Zahl der Säkularen in diesen Tagen überwiegen, Herzl hatte aber unterschätzt, welche Anziehungskraft das Heilige Land, Palästina, noch immer für die Bewegung besaß. Letztendlich votierte der Kongress zwar dafür, einen Expeditionstrupp nach Afrika zu entsenden, doch es blieb beim Nein: Beim nächsten Zionistenkongress 1905, ein Jahr nach Herzls Tod, votierte die Mehrheit für eine jüdische Heimstätte in Palästina.

Doch selbst mit diesem Votum waren die Gebietsstreitigkeiten keineswegs abgeschlossen. Während die Mehrheit der Zionisten sich mit den britischen Mandatsgebieten westlich des Jordans begnügte, formierte sich ab Beginn der zwanziger Jahre eine Bewegung, die darauf drang, die Grenzen des künftigen Judenstaates auf die östliche Uferseite des Jordans zu verlegen – die revisionistischen Zionisten um Ze'ev Jabotinsky. Der gebürtige Russe kommandierte in diesen Tagen hauptberuflich die Itzel-Brigaden und verdingte sich nebenberuflich als Schriftsteller. Mit Worten schoss Jabotinsky dabei genauso scharf wie seine Itzel-Truppen mit ihren Feuerwaffen: »Der Jordan hat zwei Ufer, das eine gehört uns, das andere auch«, heißt es in einem seiner, na ja, Gedichte.

Die Revolution der Ignorierten

Es kam dabei keineswegs überraschend, dass plötzlich, wenige Jahre nach Herzls Tod, Leute auftauchten, die eine ganz andere Vorstellung vom Judenstaat hatten und einen Richtungsstreit unter den Zionisten losbrachen. Im Gegenteil, Herzl hatte eine solche Bewegung geradezu provoziert. Denn seine Schriften waren nicht nur ignorant gegenüber den Arabern, sie waren es auch gegenüber all jenen Juden, die nicht in Wiens 4. Bezirk sozialisiert worden waren. Keinen Gedanken verschwendete Herzl auf Menschen, die mit dem Judentum mehr verbanden als einen Treidel an Chanukka und einen Biss ins Matzenbrot an Pessach. Es war unvorstellbar für Herzl, dass die üdische Tradition mehr als dreitausend Jahre nach Mose irgendetwas anderes sein könnte als bloße Folklore. Und Herzl war sehr erfolgreich damit, diesen Geist der Ignoranz auch in den folgenden zionistischen Führungsgenerationen zu verpflanzen. Als nach der israelischen Staatsgründung die Einwanderungswellen aus der nichteuropäischen Welt einsetzten, gab es zwar noch einen halbherzigen Willkommensgruß für die Neuankömmlinge. Man unterließ es aber, sie zu fragen, ob sie möglicherweise eine eigene Vorstellung vom Judenstaat haben. Über Jahrzehnte hinweg war Israel, von der Politik über die Kultur bis in die Wirtschaft hinein, eine Veranstaltung, die fast ausschließlich von europäischen Juden gelenkt wurde. Die Einwanderer aus den arabischen Staaten, aus Äthiopien oder später aus der Sowjetunion hingegen wurden buchstäblich in die Wüste geschickt. Die Regierung siedelte sie in Dimona, Aschdod oder Aschkelon an und hoffte darauf, dass sie sich damit zufriedengeben würden.

Taten sie aber nicht. In den sechziger Jahren kam es zu Protesten auf den Straßen des Staates. Zehntausend Menschen – die meisten von ihnen Juden, die aus den arabischen Staaten eingewandert waren – demonstrierten dafür, Gehör geschenkt zu bekommen und nicht von den europäischen Einwanderern bevormundet zu werden. Das Misstrauen gegenüber den aschkenasischen Juden war groß unter den *Mizrahim*, den Juden aus den orientalischen Ländern. Manchmal war es allerdings größer als angebracht, wie die Geschichte von Mordechai Cohen zeigt. Cohen betreibt seit dreißig Jahren einen kleinen Schlüsselmacherladen an der HaYarkon-Straße in Tel Aviv; ich wurde innerhalb von sechs Wochen zum Stammkunden, nachdem ich den Schlüssel zu meiner Wohnung drei Mal verloren hatte. Cohen dankte mir das unverhoffte Umsatzplus mit einer Einladung zum Schabbat-Dinner, die ich gerne annahm.

Während seine Ehefrau mir Fisch, Avocado-Creme und reichlich Hüttenkäse auf den Teller schaufelte, erzählte er mir von seinem Weg ins Gelobte Land. Es war in den frühen sechziger Jahren gewesen, als sich seine Familie zum Umzug von Iran nach Israel entschlossen hatte. Und nicht nur sie, fast alle jüdischen Einwohner ihres Dorfes hatten in diesen Tagen ihre Koffer gepackt und ein Flugticket nach Tel Aviv gelöst. »Wir saßen alle im gleichen Flugzeug und konnten es gar nicht abwarten, endlich anzukommen«, erinnerte er sich an die Stimmung unter den Auswanderern. Es war eine muntere Gesellschaft, die sich an diesem Tag auf die Reise gemacht hatte: Kinder spielten in den engen Gängen des Flugzeugs Räuber und Gendarm, während die Erwachsenen die Reisezeit darauf verwendeten, sich ihr zukünftiges Leben im Judenstaat auszumalen. Dummerweise sprach sich noch während des Fluges herum, dass der Dorfrabbi, der ebenfalls an Bord der Maschine war, nach der Ankunft in das südisraelische Städtchen Dimona ziehen wollte, der Rest des Dorfes nach dem Willen der israelischen Regierung aber in Rischon LeZion angesiedelt werden sollte. Niemand schenkte den Beteuerungen des Rabbis Glauben, einzig seine Tante, die bereits in Dimona lebte, sei der

Grund für seinen Alleingang. Wenn der Rabbi lieber in den Süden ziehen möchte, schlussfolgerten die misstrauischen, bauernschlauen Dorfjuden daher zehntausend Meter über dem Meeresspiegel, müsse es dort besser sein. An Bord des Flugzeuges brachen Proteste los. Als die Maschine schließlich in Tel Aviv gelandet war und die Passagiertreppen an den Bordtüren andockten, weigerten sich die Iraner, aus dem Flugzeug zu steigen. Erst wenn die israelische Regierung garantiere, dass man nicht nach Rischon, sondern nach Dimona gebracht werde, würden die iranischen Neueinwanderer das Flugzeug verlassen. Tatsächlich gab das Migrationsministerium nach und chauffierte die Iraner mit dem Bus nach Dimona. Dort angekommen aber, sollten die Aufständischen erneut den Ausstieg aus dem Transportmittel verweigern. Denn wie sich herausstellte, war Dimona ein trauriges Kaff, das zur Hälfte aus einer einsamen Landstraße bestand – und zur anderen Hälfte aus provisorischen Blechhütten. Krieg den Hütten, Frieden den Palästen, dachten sich die iranischen Einwanderer und ließen sich in ihr ursprünglich angedachtes Quartier in Rischon LeZion kutschieren – wo sie tadellose Neubauten bezogen mit frisch verputzten, makellosen Wänden.

Es dauerte nach der Staatsgründung Jahrzehnte, bis die Dominanz der europäischen Juden gebrochen war. Zu Hilfe kam den orientalischen Einwanderern dabei der politische Arm der revisionistischen Zionisten, die diese vernachlässigte Bevölkerungsgruppe sehr schnell als potenzielle Wählerschaft identifizierten. Am Abend des 12. Januar 1977 trat der TV-Journalist Haim Yavin vor die Kameras und sprach den Satz, der noch heute Israels Linke frösteln lässt. »Meine Damen und Herren«, sagte

»Mr. Television« damals, »es ist eine Revolution!« Was er meinte, war das Wahlergebnis: Erstmals seit der Staatsgründung war die Arbeiterpartei geschlagen und musste auf eine Regierungsbeteiligung verzichten.

Fast sechshunderttausend Israelis, darunter unzählige Einwanderer aus der orientalischen Welt, hatten den konservativen Likud gewählt und damit den Mann zum Premierminister gemacht, der Jahrzehnte zuvor die Patenschaft für Dani Dayans großen Bruder übernommen hatte: Menachem Begin.

Von Orangen, Äpfeln und Bar Refaeli

Dayan erinnert sich noch sehr gut an diesen Abend, den er mit einer Flasche Bier, einer Tüte Bambas-Erdnussflips und einigen Freunden gespannt vor dem Fernsehapparat verbracht hatte. Als das Wahlergebnis vorlag, habe er in »grenzenloser Euphorie« geschwelgt. Und dieses Stimmungshoch sollte noch länger anhalten, denn Begin enttäuschte seine revisionistischen Wähler nicht. Im Westjordanland und dem Gazastreifen trieb er den Siedlungsbau mit einer Entschlossenheit voran, als handele es sich bei der israelischen Regierung in erster Linie um ein Wohnungsbau-Unternehmen. Bei der Linken wie auch bei den Palästinensern hielt sich die Euphorie über Baumeister Begin dagegen in engen Grenzen.

Fast vierzig Jahre nach diesem revolutionären Abend wurden die Siedlungen im Gazastreifen zwar wieder abgebaut, im Westjordanland hingegen leben neben Dayan mittlerweile dreihundertsechzigtausend Siedler. Ein schlechtes Gewissen plagt Dayan wegen seiner arabischen

Nachbarn trotzdem nicht. »Sie hätten einen Staat 1947 haben können, als ihnen die UNO einen angeboten hat. Und sie hätten auch 1967 oder im Jahr 2000 einen haben können, als Barak und Clinton ihnen einen angeboten haben. Und auch im Jahr 2008 hätten sie einen haben können, als Olmert und Bush ihnen einen angeboten haben – sie haben immer abgelehnt«, sagt er und zuckt mit den Schultern. Überhaupt fühlt sich Dayan von den Kontrahenten seiner Häuslebauer-Revolution ungerecht behandelt. »Die Opposition gegen unsere Siedlungen und das Beharren auf der Zweistaatenlösung ist zu einer Art religiös-politischem Dogma geworden, das völlig losgelöst von der Realität ist.« Mit der Zweistaatenlösung sei es letztlich wie mit dem israelischen Supermodel Bar Refaeli: Beide seien zwar wunderschön anzuschauen, in der Realität aber unerreichbar. »Die Zweistaatenlösung ist seit zwanzig Jahren das einzige Spiel in der Stadt, wir sind darin aber keinen einzigen Zentimeter vorangekommen.«

Nun könnte man einwenden, dass das nicht zuletzt an Spielverderbern wie ihm liegt, doch diesen Vorwurf weist Dayan entschieden zurück. Schuld seien vielmehr Unterschiede in den kulinarischen Präferenzen der beiden Völker: Wenn ein Palästinenser von der Zweistaatenlösung spreche, denke er an einen Apfel, während der Israeli eine Orange vor Augen habe. »Was ist mit Jerusalem, was mit dem Rückkehrrecht der palästinensischen Flüchtlinge? Das sind nur zwei Fragen auf einer endlos langen Liste von Fragen, auf der es keinen Raum für eine Verständigung gibt.« Dayan redet sich in Rage, der Zorn treibt seine Stimme drei Oktaven in die Höhe: Die Zweistaatenideologie sei in gewisser Weise tyrannisch, weil jeder, der sie infrage stelle, als Verrückter gebrandmarkt und mundtot gemacht werde. »Damit wird verhindert, dass über neue Ideen nachgedacht wird.«

Und wenn jemand neue, revolutionäre Ideen hat, dann ist es Dani Dayan. Etwa die von der »halben Doppel-Staatenlösung«, wie ich sie nenne und die angesichts ihrer Komplexität Shechtmans Theorie von den Quasikristallen wie Pulp Fiction erscheinen lässt. Geht es nach Dayan, sollten alle Checkpoints abgebaut und den Palästinensern volle Bewegungsfreiheit gewährt werden. Mehr noch, auch den Arbeitsmarkt will er für die Araber öffnen: »Es kann doch nicht sein, dass wir Arbeitskräfte von den Philippinen anwerben, während im Westjordanland und Gaza Millionen Menschen in Armut leben«, sagt er und fordert deshalb: »Ein palästinensischer Bäcker sollte in Haifa Brötchen backen dürfen, genauso wie ein palästinensischer Arzt in Tel Aviv Kranke behandeln soll.« Soweit der einfache Teil des Plans. Wenn es aber darum geht, dass der arabische Bürger seine Steuererklärung einreicht, soll eine andere Behörde zuständig sein als die, die seinen israelischen Kollegen betreut. Denn was Dayan fordert, sind zwei Staaten in einem: ein palästinensischer und ein israelischer Staat auf demselben Territorium. Für zwei Völker soll es zwei Regierungen, zwei Rechtssysteme und zwei Nationalhymnen geben, die sich jedoch ein Stromnetz, eine Müllabfuhr und eine Straßenverkehrsordnung teilen. Dayan scheint seinen Plan bereits bis ins Detail durchdacht zu haben. Weil auch die Hauptstädte zu den Institutionen gehören, die nicht von beiden Völkern geteilt werden sollen, plädiert er bei der palästinensischen Kapitale für den Standort Amman in Jordanien. Mir schwant, dass das der Schwachpunkt einer ansonsten bemerkenswerten Idee sein könnte.

Das Telefon klingelt, Dayans Tochter ist am anderen Ende der Leitung. Es ist ein Anruf von der Front: Ofir leistet in diesen Tagen ihren Militärdienst, und ihre Armee-Einheit wurde während des Konflikts an die Grenze zum Gazastreifen verlegt. Es seien ein »paar unruhige Tage« für die Familie gewesen, Dayan seufzt. Ob seine Tochter mit der gleichen Leidenschaft die zionistische Revolution vorantreibt, frage ich ihn. Das tut sie: »Im Vergleich zu meiner Frau und meiner Tochter bin ich ein Linksradikaler.« Ein anderer Verwandter hingegen, sein Bruder, will von der Revolution nichts wissen: »Er ist zum Antizionisten geworden und weigert sich, mich in meinem Haus auch nur zu besuchen.« Wenn das sein Patenonkel Menachem Begin wüsste.

»Was ist aus der zionistischen Revolution geworden?«

»Ich muss zugeben, dass es Zeiten gab, in denen ich ziemlich pessimistisch war. Die Linke hat sich alle Mühe gegeben, den Zionismus verächtlich zu machen, und war damit auch erfolgreich – in den Schulen wird heute ja nicht mal mehr die Nationalhymne gesungen.«

»Hat sich der Zionismus überlebt?«

»Das nicht, wir Siedler haben das revolutionäre Gefühl und somit auch den Zionismus am Leben gehalten. Uns sind allerdings mittlerweile die Gegner ausgegangen.«

»Wohin sind sie gegangen?«

»Das weiß ich selbst nicht. Noch in den achtziger Jahren gab es eine Konfrontation zwischen den Ideologien in Israel. Die Linken kämpften damals noch mit Verve für ihre Überzeugungen. Dann aber, völlig ohne Ankündigung, haben sie sich zurückgezogen. Das war wie bei einem Fußballspiel, bei dem eine Mannschaft nach der ersten Halbzeit heimfährt.«

»Vielleicht hatten sie Besseres zu tun.«

»Mag sein, aber sie haben ja nicht mal mehr für ihre eigenen Anliegen gekämpft.«

»Vor zwei Jahren sah das anders aus, damals demonstrierten Hunderttausende auf den Straßen von Tel Aviv.«

»Ich bitte dich, das war doch keine Revolution, es war eine Farce! Ich hatte einige Sympathien für die Proteste während der Hüttenkäse-Krise. Als es dann im November aber zu regnen begann, haben sie ihre Zelte am Rothschild Boulevard abgebaut und in ihren Mietwohnungen die Heizung angestellt. Schau dir meinen Bauch an: Der kennt jedes gute Restaurant in Tel Aviv. Ich musste das angenehme Leben in der Großstadt aber hinter mir lassen, um für meine Ziele zu kämpfen.«

»Du willst gar nicht in einer Siedlung leben?«

»Natürlich nicht, ich bin ein Stadtmensch. Ich wache an 365 Tagen im Jahr auf und gehe einen Kompromiss ein, denn eigentlich möchte ich lieber meine Zeit am Dizengoff-Platz in Tel Aviv verbringen.«

Tiefe Enttäuschung schwingt in Dayans Stimme mit, wenn er über die vermeintlich mäßige Kampfeslust der israelischen Linken spricht. Es ist dabei nicht Enttäuschung darüber, dass es Menschen im Staat Israel gibt, die anders denken als er, die nicht in einer Siedlung leben wollen wie er oder die andere politische Visionen verfolgen als er. Nein, Dayan ist enttäuscht darüber, dass der Wettstreit über die besten Ideen – das »Fußballspiel«, wie er es nennt – vorzeitig und vor allem einseitig abgebrochen wurde. »Das ist ein Match, das wir nur gewinnen können«, sagt er, »und ganz ehrlich: Ich mag es so nicht, ich würde ein faires Spiel bevorzugen.«

Dayan ist ein Jude – wenn auch ein agnostischer. Und als solcher hängt er an der jüdischen Tradition, die in ihrem Kern auf Zoff, Zank und Zerwürfnissen aufbaut. Der Talmud umfasst mehr als sechstausend Seiten und ist im Grunde nichts anderes als eine scheinbar endlose Aneinanderreihung von Debatten zwischen Rabbinern, die darüber diskutieren, was eine Frau am Schabbat tragen darf oder wer eine gemietete Kuh zu ersetzen hat, die während der Arbeit tot umfällt. In dieser jüdischen Tradition des Streits geht es weniger darum, den anderen von seiner Meinung zu überzeugen. Manche der Debatten ziehen sich über viele Seiten und enden nur mit der Erkenntnis, dass die Kontrahenten einzig und allein darüber einig sind, sich nicht einig zu sein – und manchmal nicht mal darüber.

Siedler Dayan mag ein Revolutionär sein, wessen Revolution er kämpft, fällt mir allerdings schwer zu beurteilen. Die zionistische Revolution, die Herzl im Kopf hatte, ist es nicht, wie Dayan selbst gesteht. Nicht im Traum wäre der Österreicher auf den Gedanken gekommen, sich einen Spaten zu schnappen und im Westjordanland nach den Überresten vergangener jüdischer Zivilisationen zu buddeln. An der Tradition und der Vergangenheit war Herzl so sehr interessiert wie ein Historiker an der Zukunft. Schon die Vorstellung, dass es solche Leute geben könnte, lag außerhalb seiner Vorstellungskraft. Menschen wie Dayan sind der lebende Beweis dafür, dass es sie sehr wohl gibt.

Der Zionismus sei ein Familienname, kein Vorname gewesen, hatte mir Amos Oz gesagt: »Es gab nicht einen

Zionismus, es gab derer Dutzende: den Zionismus der Orthodoxen, den Zionismus der Marxisten oder den Zionismus der Sozialdemokraten – die Liste ist lang.« Doch Oz hatte mir auch noch etwas anderes gesagt: dass es keine immerwährenden Revolutionen gibt. »Sie dauern für einige Jahre an, manchmal für einige Dekaden. Aber irgendwann verliert jede Revolution ihre Kraft und verblasst in der Normalität des Alltags.« Die zionistische Revolution von Theodor Herzl scheint da keine Ausnahme zu sein. Dani Dayan sollte gewarnt sein.

8.

Wie Rabbi Hirsch einmal einer Zionistin auf den Leim ging

Herr Kim und ich

Hätte ich Rabbi Hirsch bloß früher getroffen, dem koreanischen Volk und mir wäre einiges erspart geblieben. Doch der Reihe nach: Vor einigen Jahren reiste ich nach Seoul, um ein Interview mit dem Präsidenten der südkoreanischen Zentralbank zu führen. Herr Kim Choongsoo, ein kleiner Mann mit gewaltigen Augenbrauen, hatte sich gut auf das Gespräch vorbereitet. Auf jede Frage wusste er eine Antwort, und jede Antwort kam mit einem asiatischen Lächeln. Doch während er über Zinssätze, Inflationsraten und die Kapitalmärkte sprach, war ich mit meinen Gedanken nicht im Fernen, sondern im Nahen Osten. Dort hatte ich eine junge Dame zurückgelassen, Yarden, die ich mindestens so sehr liebte wie Samsung-Aktionäre eine üppige Dividende. Endgültig zur Qual wurde der Tag, als ich mich von Herrn Kim verabschiedete und ins einsame Hotelzimmer zurückkehrte. Anstatt den Abend damit zu verbringen, Liebesschwüre in den Telefonhörer zu säuseln, musste ich Herrn Kims Worte zu Papier bringen. Noch am nächsten Tag sollte das Interview erscheinen, was für mich wenig Schlaf und viele Stunden voller Liebesqualen bedeutete. Gegen Mitternacht war es geschafft: Das letzte Wort war geschrieben und der Text nach Deutschland geschickt. Und er schlug hohe Wellen. Die Nachrichtenagentur Reuters griff das Interview auf und verbreitete die Worte von Herrn Kim in Europa, Asien und dem Rest der Welt.

Als ich am nächsten Morgen aufwachte, hätte ich also zufrieden sein können – wären da nicht ein Dutzend entgangener Anrufe gewesen. Sie alle kamen aus Herrn Kims Büro und forderten mich »unverzüglich« zum Rückruf auf. Wie sich herausstellte, hatte ich, liebestrunken, wie ich war, Herrn Kim an der ein und der anderen Stelle falsch zitiert – mit schweren Konsequenzen. Herr Kim mag ein kleiner Mann sein, seine Worte aber haben schweres Gewicht. An den Kapitalmärkten spielten sich chaotische Szenen ab: Der koreanische Won sackte um mehrere Prozentpunkte ab, an den Aktienmärkten regierte die Furcht. Millionen koreanische Sparer dürfte ich an diesem Vormittag um ihre Ersparnisse gebracht haben.

Das Drama fand erst ein Ende, als Herr Kim in einer Pressemitteilung widerrief, einem deutschen Journalisten – mir – derartige Dinge in den Notizblock diktiert zu haben. Er sei »sehr enttäuscht« von mir, teilte mir sein Büro am Abend mit – und sollte Herr Kim diese Zeilen lesen: Ich selbst war es auch. Ich tröstete mich an dem Gedanken, dass es nicht Gier, sondern Liebe war, die zu der Finanzkrise geführt hatte. Zumindest dachte ich das damals noch. Damals, bevor ich Rabbi Hirsch traf.

Reise nach Jerusalem

An einem Augustvormittag fahre ich in die Stadt, aus der Theodor Herzl bei seinem ersten und einzigen Besuch nur Schlechtes zu berichten wusste. »Wenn ich künftig deiner gedenke, Jerusalem, wird es nicht mit Vergnügen sein«, meckerte er im Tagebuch. Zwei Jahrtausende voller »Unmenschlichkeit, Unduldsamkeit und Unreinlichkeit« säßen in den »übelriechenden Gassen« der Stadt. Herzl fand es derart grässlich dort, dass er die Stadt am liebsten dem Erdboden gleichgemacht hätte. »Alles, was nicht Heiligthum ist, liesse ich räumen, würde Arbeiterwohnungen ausserhalb der Stadt errichten, die Schmutznester leeren, niederreissen, die nicht heiligen Trümmer verbrennen und die Bazare anderswohin verlegen. Dann unter möglichster Beibehaltung des alten Baustyls eine comfortable, ventilierte, canalisirte neue Stadt um die Heiligthümer herum errichten.« Herzl hatte einiges vor.

Rabbi Hirschs Haus steht in Mea Schearim, einem Stadtviertel von Jerusalem, an dem seit Herzls Stippvisite nicht viel geschehen ist. Der Schmutz kriecht durch die engen Gassen und hangelt sich an den alten, porösen Hauswänden entlang Richtung Himmel. Immerhin, den Mangel an Reinlichkeit machen die Bewohner mit Frömmigkeit mehr als wett. In Mea Shearim gibt es doppelt so viele Synagogen wie Bordelle auf St. Pauli – obwohl das Viertel nur halb so groß ist wie der Hamburger Sündenpfuhl. Wenn Gott seine Schäfchen sucht, hier findet er sie. Eine Gemeinsamkeit freilich teilen die Männer von Mea Schearim mit ihren Geschlechtsgenossen vom berüchtigten Kiez in der Hansestadt: das fragwürdige Verhältnis zum weiblichen Geschlecht. 2011 kamen einige der Bewohner zum Schluss, dass schon der Anblick einer Frau beim Mann unfromme Gelüste auslösen kann und somit eine Gefahr darstellt. Um diese Gefährdung zu umgehen, wurden kurzerhand die Gassen mit blickdichtem Bauzaun separiert. Die Herren der Schöpfung schlenderten fortan ungestört von weiblichen Reizen durch das Viertel. Das aber nur kurzzeitig, Israels Oberster Gerichtshof wies die

Polizei an, die Keuschheitswände abzubauen, und setzte dem Spuk damit ein Ende.

Es kommt dabei häufiger vor, dass die Vorstellungen von Anstand und Sitte zwischen Mea Schearim und dem Rest des Landes auseinanderklaffen. Im Abstand von wenigen Metern werden Woche für Woche Plakate an die Hauswände angebracht. Auf den sogenannten *Paschkvil* warnen die Bewohner ihre Nachbarn davor, Eiscreme in der Öffentlichkeit zu verzehren (kann sexuelle Gelüste auslösen) oder Mobiltelefone zu benutzen (kann Zugang zu schwulen und anderen sexuell geladenen Künsten verschaffen). Vermutlich sind es Warnungen wie diese, weshalb Yarden immer nur von den »jüdischen Taliban« spricht, wenn sie die Bewohner Mea Schearims meint. Rabbi Hirsch hingegen will von den Taliban nichts wissen, er sei Jude, sonst nichts. Vor allem aber eines nicht: ein Zionist. Das bekommt der Besuch schon an der Tür mitgeteilt, auf der ein Schild klarstellt: »Hier lebt ein Jude, kein Zionist«.

Und noch jemand lebt in dem Haus, Rabbi Hirschs Ehefrau. Sie ist es auch, die mir die Tür öffnet und mich begrüßt. »Darf es Tee sein oder lieber Wasser?«, fragt sie mich, noch bevor ich die Türschwelle hinter mir gelassen habe. Sehr gastfreundlich, diese Juden, denke ich, wähle Letzteres und werde von ihr ins Wohnzimmer geführt. Dort wartet Hirsch auf mich, er sitzt am Kopfende eines Esstisches, der derart groß ausgefallen ist, dass neben dem Rabbiner dort mühelos auch die komplette Mannschaft des FC St. Pauli Platz fände.

Ich grüße Hirsch mit einem freundlichen »Schalom, Schalom« und versuche unser Gespräch mit etwas Plauderei über das Wetter in Gang zu bringen. Das klappt aber nicht, denn einerseits ist Hirsch ein ernster Mann. Andererseits ist das Augustwetter in Mea Schearim immer gleich: warm und sonnig. Dann eben direkt ans Eingemachte: »Würdest du auch Herzl auf einen Tee einladen?«, frage ich ihn. Hirschs Augen mustern mein Gesicht, als habe ich ihn soeben zu einer Kneipentour auf der Reeperbahn zu überreden versucht. »Natürlich nicht! Er war der größte Antisemit in der Geschichte der jüdischen Diaspora«, sagt er mit tiefer, sanfter Stimme. Nun habe ich Verständnis dafür, dass ein frommer Mann wie Hirsch geringe Sympathien für einen anderen Mann hegt, der in der Heiligen Stadt, seiner Stadt, am liebsten mit der Abrissbirne aufgeräumt hätte. Aber reicht das, um Hitler, Himmler und Eric Cartman auf die Plätze zu verweisen? Für Hirsch besteht kein Zweifel: »Seine Idee war es, die Juden von ihrem Erbe zu entfremden und sie ihrer Traditionen zu berauben. Herzl wollte sie zu einer kulturlosen Nation machen.« Ich lerne jeden Tag dazu.

Hirsch ist, so steht es auf seiner Visitenkarte, »Führer der Neturei Karta in Palästina« und damit Oberhaupt einer der unzähligen ultra-orthodoxen jüdischen Sekten, die Mea Schearim ihr Zuhause nennen. Laut Hirsch zählt sein Verein rund zehntausend Mitglieder, die, wie er stolz berichtet, ihre Tage vornehmlich damit verbringen, die Torah zu studieren und zu beten. Die verbleibende Zeit verwenden sie darauf, gegen das »widerliche Verbrechen« zu wettern, das Theodor Herzl mit seinem Buch vor mehr als hundert Jahren losgetreten hat. Ein Judenstaat nämlich ist nach Auffassung Hirschs so koscher wie ein Cheeseburger. Herzl sei ein »Verräter des jüdischen Volkes« gewesen und habe sich mit seiner unheiligen Schrift gegen den Willen Gottes gestellt, schimpft Hirsch.

Zwar habe der Schöpfer den Juden vor Tausenden Jahren das Heilige Land geschenkt, weil es unter den Hebräern aber einige gab, die den süßen Sünden nicht widerstehen konnten, habe Gott das geschenkte Land wieder an sich genommen und die Juden zur Strafe in die Diaspora geschickt. Das Leben unter Fremdherrschaft habe für die Juden erst dann ein Ende, wenn Gott den Messias gen Planet Erde sendet. »Wenn der Messias kommt, werden wir alle in Gottes Königreich leben«, verspricht mir Hirsch. Und zum ersten Mal an diesem Vormittag huscht ihm ein Lächeln übers Gesicht. »In der Bibel steht geschrieben, dass das die Zeit sein wird, in der alle Nationen Gott anbeten werden. Aber auch dann wird es keinen jüdischen Staat und keine jüdische Regierung geben, sondern eine göttliche Herrschaft.«

Neturei Karta gibt es zwar erst seit 1935, mit orthodoxer Opposition gegen seine Staatspläne musste sich aber auch schon Herzl herumschlagen. Als der Österreicher gerade damit beschäftigt war, Briefmarken auf die Einladungsschreiben für den Baseler Zionistenkongress zu pappen, maulte der Vorstand des deutschen Rabbinerverbandes: »Die Bestrebungen sogenannter Zionisten, in Palästina einen jüdisch-nationalen Staat zu gründen, widersprechen den messianischen Verheißungen des Judentums, wie sie in der heiligen Schrift und in den späteren Religionsquellen enthalten sind.«

Herzl ätzte zurück: »Wo aber waren und sind die Protestrabbiner mit ihren Protesten, wenn unglückliche Juden, unglücklich nur, weil sie Juden sind, beschimpft, beraubt und erschlagen werden? Die ›Herren‹ mögen abmahnen, soviel sie wollen, der Congress findet statt, weil er stattfinden muss.«

»Weißt du schon, wann der Messias kommt?«, frage ich Hirsch.

»Natürlich nicht, ich bin kein Prophet.«

»Wirst du bei deiner Frau sein, wenn er kommt?«

»Das ist mir egal, darüber denke ich nicht nach.«

»Wird es eine große Party geben?«

»Nichts wird so sein, wie wir es kannten.«

Rabbi Hirsch mag mich einen altmodischen, konservativen Kauz schimpfen – ein bisschen mehr als das bloße Versprechen auf Veränderung muss er mir aber schon bieten, um mich für die Ankunft des Messias zu erwärmen. Ich bohre weiter: »Wird es Pizza geben?«

»Es wird sein wie damals beim Auszug der Juden aus Ägypten: Gott wird unseren Hunger mit Manna stillen.«

Mit »Manna« meint Hirsch das »Himmelsbrot«, das Gott jede Nacht auf die Israeliten niederregnen ließ, als sie unter der Führung Moses vierzig Jahre lang durch die Wüste Sinai irrten. Glaubt man der Bibel, schmeckte Manna knusprig, gleichzeitig aber auch »fein wie Reif« mit dem Geschmack von »Honigkuchen«.

Aber Hirsch verspricht mir nicht nur himmlisches Brot, es kommt noch besser:

»Werden Araber, Juden und Christen nach der Ankunft des Messias friedlich zusammenleben?«, frage ich ihn.

Hirsch nickt und antwortet auf Jiddisch: »Alle sein zusammen!«

»Dann wird es ja doch ein bisschen werden, wie es Herzl in seinen Büchern geschrieben hat!«

»O nein! Er wollte sie zu Tieren machen, zu wilden Tieren!«

»Wenn er derart böse war, warum sind ihm dann so viele Juden gefolgt?«

»Sie sind nicht freiwillig gegangen, die Zionisten haben sie erst spirituell ausgelöscht und dann gewaltsam nach Palästina getrieben. Sie haben ihnen die Locken abgeschnitten und ihnen verboten, die Torah zu lesen. Das Resultat kann man heute sehen: Sie sind zu einer Nation blutdurstiger Mörder geworden.«

»Die Juden sind die Opfer Herzls?«

»Allerdings.«

»Würdest du zur gleichen Zeit wie Herzl leben, was hättest du unternommen, um die Juden vor diesem Schicksal zu bewahren?«

»Alles Erdenkliche.«

»Hättest du ihn getötet?«

»Wir lebten in der Diaspora und konnten dieses Urteil nicht fällen. Hätten wir aber unter einem göttlichen Regime gelebt, hätte ich es selbstverständlich getan.«

Oy vey.

Der jüdische Patient

Husten, Schnupfen, Heiserkeit: Wenn Hirsch über den Zionismus spricht, klingt es, als seien die Israeliten an einem Infekt erkrankt. Damit teilt der Rabbi zumindest eine Überzeugung mit dem Mann, den er am liebsten umgebracht hätte. Auch Herzl dachte beim jüdischen Volk in erster Linie an einen Patienten, den es zu behandeln galt. Seine Diagnose allerdings unterschied sich deutlich. Nicht am Zionismus leide der Jude, er leide an charakterlichen Defiziten, attestierte Herzl während eines Spaziergangs mit dem Kulturkritiker Ludwig Speidel. Gemeinsam mit ihm flanierte Herzl an einem Sommertag im Jahr 1895 über grüne Wiesen in Niederösterreich und erörterte die großen Fragen des Lebens – ganz besonders die Judenfrage. »Ich begreife den Antisemitismus«, sagte Herzl, »wir Juden haben uns, wenn auch nicht durch unsere Schuld, als Fremdkörper inmitten verschiedener Nationen erhalten. Wir haben im Ghetto eine Anzahl gesellschaftswidriger Eigenschaften angenommen.« Zweitausend Jahre christliche Verfolgung hätten die Juden zu schwachen, ehrlosen und charakterlosen Geschöpfen gemacht, vor allem aber seien die Juden zu sehr auf den schnöden Mammon fixiert: »Wir kleben am Geld, weil man uns aufs Geld geworfen hat«, sagte Herzl und zeigte damit, dass auch ein gefeierter Zionistenführer an jüdischem Selbsthass erkranken kann. Herzls Abneigung gegen Zins und Zinseszins war dabei familienbedingt: Während einer Finanzkrise hatte sein Vater einen Großteil der Familienersparnisse verloren.

Doch welche Heilungsvorschläge schwebten Herzl vor? In seinen Wiener Jahren hoffte er noch, dass dem jüdischen Patienten die Emanzipation wieder auf die Beine helfen werde. Tatsächlich waren seine Hoffnungen nicht ganz unbegründet: Die politischen und sozialen Rechte der jüdischen Bevölkerung in Europa wuchsen während der Gründerzeit, die Mauern der Ghettos wurden eingerissen. Doch der Schein trog – denn gleichzeitig wuchs in Europa auch noch etwas anderes: der Antisemitismus. Und Herzl sah ihm beim Wachsen zu. In der österreichischen Hauptstadt wählten die Wiener mit Karl Lueger einen Bürgermeister ins Amt, der so antisemitisch war, dass er noch hinter jedem Berg und jedem Stein einen Juden witterte. Als Luegers Sekretärin einmal den Besuch des Fürsten Löwenstein-Wertheim-Freudenberg ankündigte, soll er laut Friedrich Torberg geraunt haben: »Sagen S' den drei Juden, sie sollen warten.«

Kein Wunder, dass Herzl davon träumte, Lueger bei einem Pistolenduell ins Jenseits zu schicken. Zur Not hätte er sich allerdings auch mit einer Niederlage anfreunden können: »Wäre ich erschossen worden, hätte mein hinterlassener Brief der Welt gesagt, daß ich als Opfer der ungerechten Bewegung fiel.«

Doch nicht nur in Österreich, auch in Frankreich blieben *les juifs* nur Menschen zweiter Klasse, wie Herzl zwischen einem Croissant und einem Café au lait feststellen musste. Als Paris-Korrespondent der *Neuen Freien Presse* war er zu einer Zeit in Frankreich, in der die Staatsanwaltschaft dem französischen Offizier Alfred Dreyfus vorwarf, geheime Staatsdokumente an die Deutschen weitergegeben zu haben. Verdächtig war den Anklägern vor allem seine Mitgliedschaft im mosaischen Glauben, stichhaltige Beweise legten sie nicht vor. Die Richter ließen sich vom Mangel an Indizien nicht beeindrucken und schickten den französischen Patrioten hinter schwedische Gardinen. Der Justizskandal wurde unterschiedlich aufgenommen: Émile Zola schmetterte seiner Regierung ein empörtes »J'accuse …!« entgegen, Theodor Herzl hingegen notierte ruhig ins Tagebuch: »Durch die Dreyfus-Affäre bin ich zum Zionisten geworden.« Die physischen Mauern des Judenghettos, das erkannte Herzl jetzt, waren durch die jüdische Emanzipation zwar abgerissen worden, die Mauer in den Köpfen weigerte sich aber zu fallen.

Was machte Herzl? Er griff zum Stift und begann am *Judenstaat* zu schreiben: Tag und Nacht, im Stehen und im Liegen. Man werde auf ewig dem antisemitischen Infekt der Europäer ausgeliefert bleiben, warnte er seine jüdischen Brüder, Schwestern und zionistischen Kameraden: »Sie werden uns nie in Ruhe lassen.« Einzig ein Judenstaat könne die Krankheit kurieren: »Wenn wir auch nur beginnen, den Plan auszuführen, kommt der Antisemitismus überall und sofort zum Stillstand.«

Herzls Anhänger ließen sich nicht lange bitten. Schon im März 1896, drei Wochen nachdem das Buch erstmals in den Buchhandlungen aufgetaucht war, bekam Herzl Post von Siegfried Waizenkorn, einem Modewarenhändler aus dem Donaustädtchen Semlin bei Belgrad. Ungeduldig hakte Waizenkorn bei Herzl nach, wann die Reise nach Jerusalem denn nun endlich losgehe: Alle Semliner Juden stünden bereit, »mit Kind und Kegel auszuwandern«. Doch nicht nur die Juden aus Semlin, in ganz Europa ließen sich Abrahams Erben von Herzls Buch inspirieren: Zehntausende packten ihre Koffer und entschlossen sich zur *Alija*, zum »Aufstieg«, wie die Zionisten die Auswanderungswellen nach Zion nennen.

Ein Jahrhundert und mehrere Millionen Auswanderungen später sitzt Rabbi Hirsch am Wohnzimmertisch in Mea Schearim und wünscht sich, all das wäre nie geschehen. Seine Kritik an den Zionisten ist dabei deckungsgleich mit seinen Vorwürfen an Herzl und sei daher hier nur in aller Kürze notiert: Bei den Zionisten handele es sich um eine Bande von »Gangstern«, »Kriminellen«, »Mördern« und »Terroristen«, die »intrigant«, »verlogen«, »rücksichtslos« und »blutdurstig« ihren »dunklen Plänen« nachgehen und sich dabei – als wäre das alles noch nicht genug – gleichzeitig der »Häresie«, »Apostasie« und »Blasphemie« schuldig gemacht hätten. Der Zionismus müsse daher »von der Karte verschwinden«, lässt mich Hirsch wissen und teilt mir auf Nachfrage auch mit, wie das am besten geschehen könnte. »Ich bin bereit, dass eine Atombombe auf Israel fällt und alles auslöscht – mich eingeschlossen.«

Hallelujah.

Das süße Leben

Ich gestehe, für einen Moment hatte ich gewisse Sympathien für Hirschs Versprechungen. Die Aussicht auf ein Gottesreich, in dem die Menschen friedlich miteinander leben, in dem weder Diebe noch sonstige Schurken die Idylle stören und wo knuspriger Honigkuchen vom Himmel fällt, klang unwiderstehlich. Wenn der Weg dorthin aber über acht Millionen Leichen führt, wenn erst Amos Oz, Sayed Kashua, Ester Levanon, Dan Shechtman und all die anderen sterben müssen, um die Türen zu diesem Paradies aufzustoßen, dann entscheide ich mich gegen das himmlische Brot und für die irdische, die italienische Pizza. Ich liebe das Leben, manchmal mehr, als mir lieb ist.

Damit geht es mir wie dem Wehrdienstleistenden Itamar Halfon, der, vor die Wahl gestellt, ebenfalls jederzeit das profane Leben im Diesseits wählen würde. Es war in einer Bar, zwei Tage und eine Nacht bevor ich Hirsch traf. Eigentlich war mein Plan, den Abend mit leidlich gesüßtem Kamillentee zu verbringen. Dann aber tauchte Halfon auf und bat mich um Beistand: Die vergangenen drei Wochen sei er klinisch zwar lebendig, ansonsten aber tot gewesen – er habe »viel« nachzuholen, sagte er und bat mich, mit ihm zu trinken. Ich willigte ein.

Halfon war mit seiner Einheit im Süden des Landes stationiert, die Rekruten trainierten dort für den Ernstfall – der wenig später auch eintreten sollte. Anfang Juli schoss die Hamas Tag für Tag Hunderte Raketen auf den Judenstaat. Die israelische Armee zog ihre Truppen zusammen, die Luftwaffe flog erste Angriffe auf Ziele im Gazastreifen. »Wir saßen in der Kaserne und rätselten, ob sie auch unsere Einheit an die Front verlegen würden«, erzählte mir Halfon. Das Rätselraten fand drei Tage später ein Ende: »Eigentlich hätte ich am Nachmittag nach Hause fahren sollen, es war mein Geburtstag.« Seine Mutter hatte Kuchen gebacken, Orangenkuchen mit Sahne, die Großeltern hatten sich zum Besuch angekündigt. Doch aus dem Kaffeeklatsch wurde nichts: »Unser Kommandeur kam zu uns, und noch bevor er ein Wort gesagt hatte, ahnten wir, dass es losgeht.«

Ein Bus fuhr die Einheit an die Grenze zum Gazastreifen. Kurz bevor sie ankamen, durfte jeder ein letztes Telefongespräch führen, dann wurden die Geräte eingesammelt. »Ich rief meine Mutter an, habe sie angelogen, ihr gesagt, dass es mir gut gehe und ich in Sicherheit sei und sie sich keine Sorgen machen solle.« Nicht unbedingt ein Satz, den Mütter hören wollen, und ganz sicher kein Satz, der Mütter beruhigt. Statt Kerzen auf der Torte auszublasen, pustete Halfon am Abend seines zweiundzwanzigsten Geburtstages den Wüstenstaub vom Gewehr.

»Unsere Basis war hundert Meter vom Gazastreifen entfernt, sie haben auf uns gefeuert, wir schossen zurück.« Drei Wochen lang ging das so, manchmal flogen in wenigen Stunden Dutzende Granaten über Halfons Kopf; Geschosse explodierten – mal hundert, mal fünfzig Meter neben ihm. An anderen Tagen wiederum geschah gar nichts, »wir saßen herum, rauchten Marlboros und spielten Karten«. Nach ein paar Tagen kam einer der Kommandeure zu Halfon und gratulierte ihm: »Mein Feuer hatte drei Terroristen erwischt.«

Während Halfon an der Front kämpfte, warb die Armee im Restland um Solidarität mit den Kämpfenden: »Gemeinsam bedanken wir uns bei den Soldaten«, stand auf überlebensgroßen Plakaten, die man in Jerusalem, Haifa und Tel Aviv gleichermaßen sah. In voller Kampfmontur lächelten Soldaten von den Plakaten auf die Zivilisten herab. Es waren starke Männer mit breiten Schultern, ihre Gesichter waren von der Sonne gegerbt. Die Männer waren, daran ließ die Armee keine Zweifel, Helden.

Der Unterschied zu Halfon, der dürr wie das Model Twiggy ist und blass wie das Schlossgespenst Hui Buh, könnte nicht größer sein. »Ich hasse die Araber nicht«, sagte Halfon nach dem dritten Getränk, »aber wenn ich nicht schieße, werden sie es tun.«

Anders als der fromme Herr Hirsch glaubt Soldat Halfon nicht, dass nach der Explosion einer Atombombe Frieden herrscht und sich die Menschheit an köstlichem Honigbrot laben wird. »Es ist kein Krieg gegen die Araber, den ich dort geführt habe«, sagt er, »ich hasse die Araber nicht, im Gegenteil: Ich weiß, dass viele von ihnen liebenswerte Menschen sind.« Dass es letztendlich aber doch ein Krieg ist, weiß auch Halfon: »Es ist ein Krieg gegen eine radikale Weltanschauung. Sie wurden von früh auf radikalisiert, und ihnen wurde eingebläut, dass sie uns Juden hassen sollen.« In diesem Kampf gegen den Fundamentalismus aber, glaubt Halfon, helfen weder Mörsergranaten noch Nuklearwaffen, sondern nur Schulbücher und Unterrichtsstunden: »Die einzige Bildung, die sie bekommen haben, stammte von Lehrern, die ihnen von Hass und der Apokalypse erzählt haben.«

Bildung schadet nicht, ob aber eine zusätzliche Mathestunde im Gazastreifen ausreicht, um die Araber zu lehren, die Zionisten zu lieben? Die Geschichte lehrt uns anderes. Denn wenn es den Antisemiten in der Vergangenheit an einem nicht mangelte, dann waren es Hochschulabschlüsse. Martin Luther und Chalid Maschal hatten einen, Heinrich Himmler und Karl Lueger ebenso. Rabbi Hirsch seinerseits hat niemals Zeit in einem Hörsaal verbracht, über die Zionisten hat er dennoch nur Schlechtes zu berichten.

»Es besteht kein Zweifel«, sagt er, »die Zionisten kontrollieren die Welt. Es ist so, wie es in den *Protokollen von Zion* beschrieben ist.«

»Das Buch ist also keine Fabrikation ...?«

»Das schon, aber die Zionisten wollen es genau so machen, wie sie es beschrieben haben.«

»Was ist ihr Plan?«

»Sie wollen die ganze Welt kontrollieren, die Geldströme steuern. Die ganze Welt soll Angst vor ihnen haben.«

»Aber warum tun sie so etwas?«

»Weil sie Kriminelle sind, eine raffinierte Mafia.«

»Warum sind ausgerechnet die Juden so schlimm und nicht die Katholiken?«

»Das steht schon im Talmud geschrieben: Wenn die Juden Gottes Weg nicht befolgen, sind sie von allen Menschen die schlimmsten von allen.«

Gegen die Krankheit Antisemitismus scheint niemand immun, nicht die Akademiker, nicht die Deutschen oder die Franzosen. Noch nicht einmal die Juden selbst, wie Rabbi Hirsch mit jedem Fluch beweist, den er ausspuckt. Und je länger Hirsch spricht, desto weniger kann selbst ich mich seinen ruhigen Worten widersetzen. Ich ertappe mich dabei, wie ich seinem dunklen Charme erliege. Düstere, hässliche Gedanken machen sich in meinem Kopf breit. Was wäre, wenn er recht hat? Mir kommen Zweifel an meiner koreanischen Liebesgeschichte. Hatte es sich wirklich so zugetragen? Oder hatte Hirsch recht, hatte Yarden mich nur genarrt? War es gar nicht die Liebe zwischen uns, die damals in Seoul die Finanzmärkte erbeben ließ; war ich zur Marionette der Zionisten geworden? Der Gedanke lässt mich erzittern, ich will ihn nicht weiterdenken. Stattdessen wende ich mich seiner Frau zu, die hinter der Küchentür lauscht.

»Wie lange seid ihr schon verheiratet?«, frage ich sie.

»Über dreißig Jahre.«

»Wow.«

»Ja ...«

»Ist er so gut, wie du am ersten Tag gedacht hast?«

Sie lächelt kurz, dann murmelt sie schüchtern: »Ich dachte, das sei ein Interview mit meinem Mann ...«

»Woher kommst du?«

»Aus New York, Borough Park.«

»Du wurdest in der Diaspora geboren und bist nach Israel eingewandert?«

»Ja ...«

»Wo gefällt es dir besser, hier oder in New York?«

»Hier«, sagt sie.

Ich wende mich von Hirschs Frau ab und dem Rabbi zu – dann rufe ich empört:

»Rabbi Hirsch! Schande über dein Haupt! Du hast eine Zionistin geheiratet!«

9.
Warum Anat Hoffman gegen Monopole kämpft

Amerika, du hast es besser. Goethes neidische Ode an die Neue Welt ist rückblickend auf zweierlei Art und Weise bemerkenswert: Einerseits wurde sie von einem Dichter geschrieben, der niemals einen Schritt auf den neuen Kontinent gesetzt hat. Andererseits sollte er mit seinem Lobgesang recht behalten, wovon wiederum Anat Hoffman ein Liedchen singen kann.

Als die Israelin 1986 ihr Psychologiestudium an der University of California abgeschlossen hatte, trat sie schon wenig später ihren Rückweg in die Heimat an. Dort angekommen, fand die frischgebackene Akademikerin nach zwei Monaten eine Rechnung im Briefkasten, die sie zunächst schlucken und anschließend nach Luft ringen ließ. Die staatliche Telefongesellschaft Bezeq – zu diesem Zeitpunkt der einzige Anbieter am Markt – forderte insgesamt achttausendzweihundert Schekel von Hoffman.

Für die damaligen Verhältnisse war das ein stolzer Betrag: Das durchschnittliche monatliche Pro-Kopf-Einkommen in Israel lag bei weniger als der Hälfte dieser Summe. Dementsprechend groß war die Verwunderung bei Hoffman: »Ja, ich habe das Telefon benutzt«, gesteht sie mir im Juni 2015. An Ferngespräche nach Kuala Lumpur oder Shanghai könne sie sich aber nicht erinnern. Bezeq müsse bei der Abrechnung ein Fehler unterlaufen sein, mutmaßte sie, griff zum Hörer, wählte die Nummer der Kundenbetreuung und bat bei der Verrechnungsstelle um einen Einzelverbindungsnachweis.

Doch so einfach war es nicht. Während es Hoffman aus ihrer Studienzeit gewohnt war, von der amerikanischen Telefongesellschaft am Monatsende Posten für Posten vorgerechnet zu bekommen, zeigte sich der Mitarbeiter des israelischen Staatskonzerns wenig kooperativ. »Das gibt's bei uns nicht«, sagte er und machte Hoffman zugleich wenig Hoffnung, dass sich daran etwas ändern könnte. »Wir haben den Holocaust und mehrere Kriege überlebt, wir Israelis werden auch eine Rechnung ohne Einzelverbindungsnachweis überleben.« Sollte ihr das nicht passen, könne sie ja zurück in die USA ziehen. Sagte er und schmiss sie aus der Leitung.

Holocaust hin, Holocaust her – Hoffman widersprach der Rechnung und weigerte sich den Betrag zu begleichen. Wann immer sie in den kommenden Monaten den Hörer aus der Gabel hob, schallte Stille aus der Muschel: »Sie haben mir die Leitung gekappt.«

Doch wie sich herausstellte, gab es neben Hoffman noch mehr Bezeq-Kunden, die Zweifel an ihrer Telefonrechnung plagten. Gemeinsam mit anderen Verbrauchern gründete sie eine Initiative, um gegen den Staatsmonopolisten vorzugehen. Mehr als fünftausend Israelis schlossen sich an – Dutzende Gerichtsverfahren wurden von den Aufmüpfigen geführt, fast alle davon gewonnen.

Neun Monate dauerte es, dann knickte der Monopolist ein: Geschäftsführer Zvi Amid beugte sich der wachsenden Kritik und trat zähneknirschend zurück. Damit nicht genug, Einzelverbindungsnachweise wurden nachgereicht und fehlerhafte Rechnungen korrigiert.

Hoffmans Triumph im Kampf gegen den Staatskonzern wurde der Auftakt zu einer langen Karriere als »hauptberufliche Krawallmacherin«, wie sie ihre Profession selbst beschreibt. Und als solche hatte sie viel zu tun. Denn wie sich zeigen sollte, gab es im Heiligen Land weitaus mehr Monopole als das der staatlichen Telefongesellschaft. 1989 kandidierte Hoffman für die linkszionistische Partei Mapam um einen Sitz im Stadtrat von Jerusalem – und gewann. Nach Bezeq-Chef Amid war es erneut ein Mann, der zum Leidtragenden ihres Erfolges wurde, diesmal: Teddy Kollek. Vier Mal hatten ihn die Bürger Jerusalems zum Bürgermeister gewählt, vier Mal konnte sich seine Partei eine komfortable Mehrheit im Stadtrat sichern. Bei Kolleks fünftem Anlauf änderte sich das, von den einunddreißig Sitzen im Stadtparlament sicherte sich Hoffmans Partei vier, während Kolleks Likud nur noch auf vierzehn Sitze kam und somit in eine Koalition mit Hoffman gezwungen wurde. Eine Liebesheirat war es nicht: »Wer Freunde wie dich hat, braucht keine Feinde mehr«, klagte Kollek schon sehr bald über die Frau an seiner Seite.

Hoffman tat ihrerseits wenig, um Kolleks Sympathien zu gewinnen. »In meiner Antrittsrede beschrieb ich eine feministische Vision für die Stadt. Jedes kommunale Thema hatte nach meiner Überzeugung auch einen feministischen Blickwinkel – egal ob es um den Kauf von Kanaldeckeln ging oder die Arbeitszeiten während des Ramadans.« Bürgermeister Kollek sah das offensichtlich anders: »Ich möchte mich beim neuen Ratsmitglied Hoffman dafür bedanken, uns alle wissen zu lassen, was in den kommenden vier Jahren der letzte Punkt auf unserer Agenda sein wird«, sagte er nach ihrer Rede. Es war ein

Satz, den er noch bitter bereuen sollte. Wann immer Hoffman in den kommenden Jahren im Rathaus sprach, schlug sie ihm diesen Satz um die Ohren. Jeden einzelnen ihrer Wortbeiträge beendete sie mit dem Hinweis, dass es sich nach Meinung Kolleks um den »letzten Punkt auf der Agenda« handele. »Die Presse hat ihn vier Jahre lang belagert, ihn immer und immer wieder gefragt, ob Frauen für ihn tatsächlich an letzter Stelle kommen. Er hat mich bekniet, diesen Satz nie wieder zu wiederholen.« Doch Hoffman kannte keine Gnade.

»Armer Teddy.« Hoffman stöhnt. Zumindest ein kleines bisschen Mitleid mit dem Politsaurier scheint sie im Rückblick dann doch zu haben. »Er war einer der großen Männer in diesem Land, und er machte es einem wirklich nicht einfach, ihn zu hassen«, sagt sie. »Kollek hat die Frauen geliebt, war warm und charmant zu ihnen. Er hat sie ins Theater ausgeführt und in die Oper mitgenommen, er war ein Wiener Gentleman, ein Mann aus einer anderen Zeit. Er konnte nicht verstehen, warum ich ihm das antat, warum ich mehr wollte als ein nettes Kompliment und einen wunderbaren Abend in der Oper.« Es müssen bittere Zeiten für den greisen Kollek gewesen sein. Denn wenn ein Staatsmann erst einmal zur Legende wird, dann ist es längst zu spät.

Auf eine Zigarre mit Ehud Olmert

Auch der nächste Widersacher im Leben von Anat Hoffman war ein Mann, und auch ihn hatte sie insgeheim ganz gern. 1993 räumte Kollek sein Amt und wurde von Ehud Olmert beerbt, dem späteren Premierminister des

Landes. Ein hochintelligenter Mann sei Olmert, lobt Hoffman – und vielleicht einer der begnadetsten Politiker, die der Judenstaat jemals gesehen habe. Seine Intelligenz hielt ihn gleichwohl nicht davon ab, die Regeln und Gesetze der eigenen Verwaltung zu brechen – und sich dabei auch noch von Hoffman erwischen zu lassen. Wenige Monate nach seiner Wahl ins Amt sollte ihm Hoffman – sie war mittlerweile zur Vorsitzenden des städtischen Finanzausschusses aufgestiegen – den Jahresbericht des Rechnungshofes übergeben. Als sie Olmerts Büro betrat, saß er hinter seinem Schreibtisch, eine Zigarre in seinem Mundwinkel. Hoffman, damals hochschwanger, ließ es sich nicht nehmen, den Bürgermeister über die geltende Rechtslage aufzuklären: Der Genuss von Tabakwaren in öffentlichen Gebäuden war Bürgern wie Bürgermeistern gleichermaßen untersagt. Olmert aber interessierte das nicht: »Das hier ist mein Büro, und ich rauche darin, so viel ich will«, sagte er und blies einen Rauchkringel in die Luft. Weil der Verwaltungschef nicht auf die Rechtsbelehrung hören wollte, machte Hoffman kurzen Prozess: Sie verpfiff ihn bei den Inspektoren des Gesundheitsamtes, die ihm wiederum ein Bußgeld in Höhe von zweihundertfünfzig Schekeln aufbrummten.

Es war der Beginn einer innigen Feindschaft: Gleich bei der nächsten Stadtratsitzung revanchierte sich der Bürgermeister. Als Hoffman am Rednerpult stand und sich mal wieder über die desolate Haushaltslage der Stadt, die öffentlichen Investitionsruinen und die virulente Vetternwirtschaft beschwerte, drehte er ihr nach wenigen Minuten das Mikrofon ab. »Das hat er häufiger getan, wenn ihm etwas nicht passte«, erinnert sie sich. Hoffman nahm die Kriegserklärung an und rüstete ihrerseits auf:

Zur nächsten Ratssitzung erschien sie in Begleitung eines Megafons. Im Plenum sorgte sie mit der Flüstertüte für Heiterkeit, Olmert hingegen war nicht nach Lachen – er strafte sie mit grimmigen Blicken. Hoffman hatte mit einer solchen Reaktion wohl gerechnet: »Um patriarchalische Strukturen aufzubrechen, ist Humor das beste Mittel«, sagt sie, »denn auf Witze reagiert das Testosteron allergisch.«

Was akzeptabel war und was nicht, schien für Olmert dabei eng mit dem biologischen Geschlecht des jeweiligen Stadtrates zusammenzuhängen: »Ich habe damals sämtliche Sitzungsprotokolle ausgewertet und ein Muster entdeckt: Frauen drehte Olmert das Mikrofon sieben Mal häufiger ab als den Männern.« Die Ergebnisse ihrer Untersuchung behielt Hoffman indes nicht für sich, sondern präsentierte sie erst dem Stadtrat und schickte anschließend eine Kopie an Olmerts Ehefrau Aliza. Letzterer Adressat war mit Bedacht gewählt, denn die Schriftstellerin Aliza Olmert, mit der der Likud-Politiker seit Jahrzehnten verheiratet ist, hat nie einen Hehl daraus gemacht, dass sie die konservative Politik ihres Ehemanns kritisch sieht und bei Wahlen ihr Kreuz lieber bei der links-feministischen Meretz-Partei setzt. Hoffmans Bericht dürfte für Gesprächsstoff in der Familie Olmert gesorgt haben. Letztlich hat Hoffman den jahrelangen Schlagabtausch mit Olmert genossen: »Es hat Spaß gemacht mit ihm, er war ein ebenbürtiger Gegner«, sagt sie voller Anerkennung. »Er hat zu Hause eine Frau und vier Kinder sitzen, die allesamt linke Parteien wählen. Dass er das hinnehmen kann, spricht für seine menschliche Größe.« Als sich Olmert 2003 aus der Kommunalpolitik zurückzog und in die Knesset wechselte, gab es von Hoffman ein kleines Geschenk zum Abschied: ein Buch des jiddischen Schriftstellers Isaac Bashevis Singer mit dem bezeichnenden Titel *Sonim, di Geshichte fun a Liebe* – auf Deutsch: *Feinde – die Geschichte einer Liebe*.

Herzl und die Frauen

Es ist dabei nicht so, dass man in zionistischen Kreisen nie zuvor über Frauen im Allgemeinen und ihre Rechte im Speziellen gesprochen hätte. Lange bevor Dandy Kollek an feministischen Agenden verzweifelte und sein Nachfolger Olmert aufmüpfigen Weibsbildern den Ton abdrehte, hatte Chefideologe Herzl die weibliche Spezies auf revolutionäre, auf bessere Zeiten eingestimmt. Mit Abbé Sieyès habe es während der Französischen Revolution einmal einen »sehr geistreichen Revolutionär« gegeben, sagte Herzl im Januar 1901 während eines Vortrags beim Zionistischen Frauenverein in Wien. »Dieser Mann hat in einer früheren Zeit einen Aufruf verfasst, der sehr berühmt geworden ist. In diesem hiess es vom dritten Stand, der damals noch nicht befreit war: Was ist er? Nichts. Was sollte er sein? Alles. Dieses Wort des Abbé Sieyès möchte ich auch auf die Frauen anwenden. Was sind die Frauen für den Zionismus? Ich will nicht sagen: nichts. Was könnten sie, was sollten sie sein? Vielleicht alles.«

Als zwei Jahre später der sechste Zionistenkongress tagte, wähnte er sich diesem Ziel offensichtlich ein gutes Stück näher: »Die Zionistische Bewegung ist die erste große politische Bewegung, die Frauen von Anfang an völlige Gleichberechtigung gewährte«, lobte Herzl. Tatsächlich waren Frauen schon beim ersten Kongress 1897 zumindest als Zaungäste willkommen. Beim zweiten Kongress ein Jahr später durften sie dann auch bei allen Wahlen mitstimmen – für damalige Verhältnisse war das revolutionär. Von Neuseeland, Australien und zwei amerikanischen Bundesstaaten abgesehen, war der Urnengang damals den Männern vorbehalten.

Seinen Taten ließ Herzl Worte folgen. Im fiktiven Judenstaat, den er sich in *Altneuland* ausmalte, gestand er den Frauen nicht nur das Wahlrecht zu, sondern überließ ihnen sogar wirtschaftliche Führungspositionen. Die Leiterin der größten Augenklinik im Lande etwa war mit einem »Fräulein Doktor Sascha Eichenstamm« besetzt, einer russischen Einwanderin mit »feinem Lächeln« und ausgeprägter Bescheidenheit. Ein »ganz gelehrtes Haus« sei sie, schrieb Herzl anerkennend. Mit Fräulein Eichenstamm bewies er, dass er seiner Zeit weit voraus war: Denn anders als in seiner Fiktion blieb den meisten Frauen eine akademische Ausbildung in dieser Zeit verwehrt. Um die Jahrhundertwende gab es lediglich eine einzige Frau, der von einer Universität in Österreich-Ungarn die Doktorwürde verliehen worden war: der Ärztin Gabriele Possanner.

So ganz geheuer schien aber auch Herzl der Feminismus nicht, wie ein zweiter Blick in seinen utopischen Roman nahelegt. Obwohl er Frauen ein politisches Mitspracherecht auf allen Ebenen in Aussicht stellte, schien er insgeheim darauf zu spekulieren, dass sie ihre Tage nicht in den Gremien der Politik, sondern unweit von Kind und Küche verbringen würden. Die »Hausmütterlichkeit« habe durch das Frauenwahlrecht keineswegs gelitten, lässt Herzl einen seiner Protagonisten in *Altneuland* klarstellen, einen Herren namens David Littwak.

Nach der Geburt von Littwaks erstem Sohn habe die Ehefrau ihren Buben gesäugt und bei dieser Gelegenheit ihre unveräußerlichen Rechte »ein bißchen vergessen«. Was Littwak nicht weiter zu bekümmern schien: »Früher gehörte sie der radikalen Opposition an. So habe ich sie auch kennengelernt, als Gegnerin. Jetzt macht sie mir nur noch zu Hause Opposition – freilich die allergetreueste, die man sich denken kann.«

Wie Littwaks Gattin zeichnete Herzl alle seine weiblichen Charaktere: Formal waren sie gleichberechtigt, gingen einer Arbeit nach oder besetzten bisweilen gar politische Ämter. Nahte aber der Feierabend, verwandelten sie sich in liebreizend-willenlose Wesen, die ihren Ehemännern die Wünsche von den Lippen ablasen. Herzl mag den meisten seiner Zeitgenossen weit voraus gewesen sein, gänzlich lösen von den klassischen Rollenbildern konnte er sich nicht. Es war damit an den Frauen selbst, sich Gehör in zionistischen Kreisen zu verschaffen. Und sie ließen sich nicht lange bitten. In ganz Europa entstanden im späten 19. Jahrhundert Frauenvereine, in denen Zionistinnen gemeinsam Hebräisch lernten, Geld für Projekte in Palästina sammelten oder sich darüber austauschten, wie man den Nachwuchs zum Zionismus erzog. Auch wenn die Geschichtsbücher es bisweilen verschweigen, waren es nicht zuletzt Frauen, die die zionistische Revolution vorangetrieben haben.

Frauen wie Myriam Schach etwa: 1867 in Litauen geboren, legte die Rabbinertochter eine für damalige Zeiten bemerkenswerte Karriere hin. Nach Stationen in Berlin und England begann Schach ein Studium der Erziehungswissenschaften an der Pariser École normale supérieure – einer Elitehochschule, an der damals gerade mal eine

Handvoll Frauen zugelassen war. Herzl war derart beeindruckt von Schach, dass er sie zeitlebens ehrfurchtsvoll als »Fräulein Professor Schach« ansprach.

Schachs wohl wichtigster Auftritt folgte auf dem zehnten Zionistenkongress in Basel. Den männlichen Zionisten erteilte sie dort eine bissig-charmante Lektion in Feminismus, während sie die anwesenden Damen nonchalant zum Kampf gegen das Patriarchat aufwiegelte. Nur wenig sei von den Frauen im Zionismus geleistet worden, klagte sie am Rednerpult. Wenn unter den Zionisten von Frauenarbeit die Rede sei, so hätten die »Herren Brüder und Männer« ein gewisses Lächeln zur Verfügung, das halb spöttisch und halb mitleidig sei, stichelte Schach. »Meine Herren, haben Sie es bedacht, dass die Nichtzionisten genau dasselbe Lächeln haben, wenn wir von der Gesamtarbeit des Zionismus sprechen? Und jene haben doch wenigstens *ein* Argument, das zutreffend ist; sie sagen: für eure Projekte und Ziele müsst ihr ja Riesensummen aufwenden, und von allen denkbaren Kapitalien ist doch gerade das Geld dasjenige, was euch am meisten fehlt. Für unsere Frauensache brauchen wir vorerst keine Riesensummen; was wir brauchen, das ist Herz und Verstand, Ausdauer und Wille, was wir brauchen ist Gemüt und Klarheit. Meine Herren! Wollen Sie uns diese Eigenschaften absprechen? Dann möchte ich dabei sein, wenn Ihre Frauen mit Ihnen abrechnen!«

Doch nicht nur die Herren, auch die Damen mahnte Schach zu mehr Einsatz. Herzl habe die Parole ausgegeben, in die Gemeinden zu gehen und sie zu erobern. »Gegangen sind wir ja, erobert haben wir noch wenig. Ich glaube, meine Damen, hier haben wir ein Stück Arbeit zu tun, das uns die Herren nicht abnehmen können ...« Für

Schach stand fest: Um den Zionismus zum Erfolg zu führen, bedürfe es weitaus mehr weiblichen Einsatz: »Meine Damen! Das Gemeindeleben, das Frauengemeindeleben existiert in den meisten Orten … Wir Zionistinnen haben in dieser Hinsicht große Diskretion geübt. Entweder sind wir ihnen nicht beigetreten, oder wir sind ihnen sehr privatim beigetreten. Ich halte das für einen taktischen Fehler, denn Bescheidenheit und Diskretion sind große persönliche Vorzüge, für das nationale Leben aber bedeuten sie einen großen Schaden. Im Namen einer Nation soll man nicht diskret und nicht bescheiden sein. Überall da, wo wir irgendwelche jüdische Frauenvereine haben, müssen wir ihnen beitreten, und wir müssen die Zügel aus den schlaffen Händen in die unseren bekommen.«

Das orthodoxe Monopol

Zwei Jahre bevor Myriam Schach 1956 in Haifa starb, wurde Anat Hoffman in Jerusalem in eine zionistische Vorzeigefamilie hineingeboren. Ihr Vater hatte sein Chemiestudium in Harvard 1948 geschmissen, um mit sechshundert anderen amerikanischen Juden auf der *MS Hatikvah* von New York nach Israel überzusetzen. Hoffmans Mutter wiederum war das erste Kind, das in Ramat Rachel zur Welt kam, einem kleinen Kibbuz vor den Stadttoren Jerusalems. Die Wege der Eltern kreuzten sich beim Wehrdienst in der Haganah, der Vorläuferorganisation der israelischen Armee. Hoffman zeigt mir ein Foto aus dem Familienalbum, eine junge Frau sieht man darauf, ein Mauser-Gewehr in ihrer Hand. »Das ist meine Mutter«, sagt sie.

Später zog Familie Hoffman – mit Mutter, Vater, drei Geschwistern und Schildkröte Zilly mittlerweile zum siebenköpfigen Clan angewachsen – in den Jerusalemer Stadtteil Rehavia, der in den späten sechziger Jahren einer deutschen Kolonie glich. »›Guten Morgen, Herr Professor Levi! Guten Morgen, Herr Doktor Goldstein!‹ – an jeder Ecke hörte man die Jekkes damals ihre steifen Begrüßungen austauschen«, erinnert sich Hoffman an ihre Kindheitstage. Noch fünf Jahrzehnte später lösen die Erinnerungen an kontinentaleuropäische Förmlichkeiten bei Hoffman vor allem eines aus: irritiertes Kopfschütteln. »Einige unserer Nachbarn lebten schon seit Jahrzehnten in Jerusalem. Aber wann immer sie in ihren feinen Anzügen das Haus verließen, schien es, als hätten sie Berlin oder München nie verlassen.«

Doch dass man selbst in weiter Ferne nicht von alten Bräuchen lassen kann, sondern – im Gegenteil – bisweilen in der Fremde der Heimat enger verbunden ist als je zuvor, diese Erfahrung sollte auch Hoffman machen, als sie nach dem Schulabschluss aus Rehavia wegzog und ihr Studium an der University of California begann. »Religion war nie ein Thema in meiner Familie«, sagt sie und macht dafür das politische Weltbild ihrer Großeltern verantwortlich. »Die einzigen Feiertage, die mein Großvater beging, waren der Tag der Arbeit am 1. Mai und die alljährlichen Gedenkfeiern zur Oktoberrevolution.« Als sie dann aber in den USA aus dem Flugzeug stieg, zwölftausend Kilometer von Rehavia entfernt, überkam sie das Heimweh. »Kalifornien ist ein wunderbarer Ort, aber irgendetwas fehlte mir in meinem Leben«, sagt sie. Um die Distanz zur Familie zu überwinden, begab sich Hoffman auf die Suche nach ihren jüdischen Wurzeln: Sie begann zu beten, besuchte Gottesdienste und ließ auch ansonsten nichts aus, was ihrem stramm sozialistischen Großvater Kopfschmerzen bereitet hätte.

Als Hoffman dann aber nach einigen Jahren aus den USA nach Israel zurückkehrte, musste sie feststellen, dass der in der Ferne entdeckte Glaube wenig mit dem Judentum gemein hatte, dem man in Israel nachging. Obwohl sich laut einer Umfrage des israelischen Statistikamtes von 2009 rund 42 Prozent der Israelis als säkular bezeichnen und lediglich 8,2 Prozent angaben, orthodox zu leben, ist die orthodoxe Tradition die einzige staatlich anerkannte Spielart des Judentums. Grund dafür ist ein folgenschweres Zugeständnis aus dem Jahr 1947. Wenige Monate vor der Staatsgründung hatte David Ben-Gurion den Orthodoxen das Angebot gemacht, dass im künftigen Staat alle rechtlichen Fragen hinsichtlich des Familienstandes durch orthodoxe Autoritäten bestimmt werden sollten. Ben-Gurion konnte sich mit diesem Zugeständnis zwar die politische Unterstützung der religiösen Minderheit im Land sichern, erschwerte gleichzeitig aber auch den weniger gottesfürchtigen Landsmännern und Landsfrauen das Leben. Ein Großteil der israelischen Bevölkerung mag einen Chanukka-Leuchter allenfalls mit Mühe von einem Kruzifix unterscheiden können, wer aber heiratet oder sich scheiden lässt, tut es bis heute nach orthodoxen Riten.

In den kommenden Jahrzehnten gelang es den Haredim, wie man die Orthodoxen in Israel nennt, ihren Einfluss auf das gesellschaftliche Leben im Land auszubauen. Als Königsmacher der jeweiligen Regierungskoalitionen konnten sie bei religiösen Fragen den Koalitionspartnern in der Knesset immer wieder ihre eigenen Vorstellungen diktieren. Und nicht nur dort, auch auf den Straßen des Landes setzten sie dieses Diktat fort – was in den meisten Fällen Konsequenzen vornehmlich für *einen* Bevölkerungsteil hatte: den weiblichen. In Beit Schemesch etwa, einer Stadt, die auf halber Strecke zwischen Tel Aviv und Jerusalem liegt, zog 2011 ein blasses Mädchen namens Naama Margolese den Zorn der ortsansässigen Haredim auf sich. Die Herren störten sich an der vermeintlich »unzüchtigen« Kleidung, in der sich die Achtjährige tagtäglich auf den Schulweg machte – und damit offensichtlich unsittliche Gedanken in den frommen Köpfen der Männer auslöste. Während Kinder sich die Hände vors Gesicht schlagen, wenn sie etwas nicht sehen wollen, entschlossen sich die erwachsenen Männer von Beit Schemesch dazu, die Situation anders zu entschärfen: Sie stellten sich dem Mädchen in den Weg, bespuckten es und schimpften es eine »Hure«. Andernorts, etwa zur gleichen Zeit, musste die Studentin Tania Rosenblitt ebenfalls eine Lektion in orthodoxer Frömmigkeit lernen. Auf einer Fahrt von Aschdod nach Jerusalem hatte es Rosenblitt gewagt, auf einer der vorderen Reihen im Bus Platz zu nehmen. Sie beging damit einen schweren Fehler, denn schenkt man den Haredim Glauben, sind diese den Männern unserer Spezies vorbehalten. Die orthodoxen Passagiere an Bord des Busses begannen zu fluchen, zu keifen und zu pöbeln. Erst eine Polizeistreife konnte den vor Wut schäumenden Männerhaufen wieder zur Ruhe bringen. Als Hoffman am Abend die Acht-Uhr-Nachrichten einschaltete, verschlug es ihr die zunächst die Sprache. Nach einigen Minuten fand sie ihre Worte zwar wieder, es reichte allerdings lediglich für einen einzigen Satz: »In welchem Land lebe ich eigentlich?«

Beim Staunen und Kopfschütteln wollte es Hoffman nicht belassen. Weil Rosenblitts Kampf um einen Sitzplatz nicht der erste seiner Art war, sondern mittlerweile ganze Buslinien durchs Land kurvten, in denen Frauen auf die hinteren Sitzplätze verbannt wurden, reichte sie vor dem Obersten Gerichtshof Beschwerde ein. »Jedes Busticket wird mit Steuergeldern subventioniert. Die Geschlechtersegregation, die sich die Orthodoxen wünschen, ist damit illegal«, sagt sie. Die Richter wiesen das Transportministerium an, eine Kommission einzusetzen, um die Vorfälle zu prüfen. Zwei Jahre vergingen, in denen erwachsene Männer und Frauen leidenschaftlich darüber debattierten, was der richtige Ort für ein weibliches Gesäß im öffentlichen Nahverkehr sei. Die Orthodoxen ließen dabei nichts unversucht, um den Frauen des Landes die hinteren Plätze im Bus schmackhaft zu machen. Sogar statistisches Zahlenwerk zauberten die Befürworter der Bus-Segregation aus ihren schwarzen Schtreimeln: »Mit Frauen auf der Rückbank«, sagt Hoffman, »gäbe es weitaus weniger Unfälle, haben sie behauptet.« Sie rollt mit den Augen.

Sowohl Kommission als auch Richter verwarfen letztendlich die Sicherheitsbedenken der Orthodoxen. Seit 2013 hängt in jedem Bus der staatlichen Busgesellschaft Egged ein Schild, das an den Gerichtserfolg von Hoffmann und ihren Mitstreitern erinnert: »Entsprechend der Entscheidung 47607 des Obersten Gerichtshofs ist es jedem Fahrgast selbst überlassen, seinen Platz im Bus frei zu wählen. Wer andere Fahrgäste bei der Platzwahl einschränkt, wird strafrechtlich belangt.«

Doch für Hoffman war der Gerichtsbeschluss allenfalls ein Etappensieg – wann immer sie aus dem Bus ausstieg, warteten weitere manngemachte Monopole darauf, gebrochen zu werden. Denn die Orthodoxen legten nicht nur ein bemerkenswertes Interesse an der Sitzordnung in israelischen Bussen an den Tag, auch an anderen Orten wollten sie ein Wörtchen mitreden. Etwa an der Klagemauer: Zwar erlaubt die *Halacha*, das jüdische Gesetz, dort das Gebet Frauen und Männern gleichermaßen, die über Jahrhunderte gewachsene orthodoxe Tradition hingegen versagt es den weiblichen Personen.

Wer aber in Israel ein Verbotsschild aufstellt, muss mit Besuch von Hoffman rechnen. Gemeinsam mit einigen anderen Frauen schnappte sich die hauptberufliche Krawallmacherin im Jahr 1988 Tallit und Tefillin, Gebetsmantel und Gebetsriemen, lief zur Klagemauer und tat, was ihr eigentlich verboten war: Sie betete. Die *N'schot ha-Kotel*, die »Frauen der Mauer«, beließen es jedoch nicht bei diesem einem Gebet, sondern kehrten in den kommenden Jahren jeweils zum Monatsanfang des jüdischen Kalenders zurück.

Der Protest der Mauerfrauen gegen die orthodoxen Traditionen ist mit der Zeit selbst zu einer Tradition geworden. Von den Orthodoxen werden sie beschimpft und bespuckt, wenn sie an der Mauer auftauchen – und von der Polizei bisweilen verhört und verhaftet. Denn obwohl Israels Oberster Gerichtshof Hoffman und ihren Frauen mittlerweile das Recht zugestanden hat, an der Mauer zu beten, bangt die Regierung darum, es sich mit der orthodoxen Wählerschaft zu verderben. David Azoulay, der

Minister für religiöse Angelegenheiten, nannte das Gebet der Mauerfrauen im Juni 2015 eine »Provokation« und stellte zugleich fest, dass das Reformjudentum ein »Desaster« für die Bürger Israels sei.

Für Hoffman ist es ein altbekannter Vorwurf: »Das haben sie uns schon vor zwanzig Jahren erzählt, und, ganz ehrlich, ich kann es nicht mehr hören.« Das Reformjudentum habe nichts mit Israel zu tun, sondern sei ein Import, hieß es damals. Hoffman aber ist nicht nur mit Monopolen auf Kriegsfuß, auch von Handelshemmnissen hält sie wenig: »Importe sind etwas Gutes: Die Einzelabrechnung für unsere Telefonrechnungen haben wir aus Amerika und den Zionismus aus Österreich importiert. Warum also sollten wir nicht auch das Reformjudentum importieren?«, fragt sie. Lang lebe der Kapitalismus, denke ich mir.

»Bist du Zionistin?«, frage ich Hoffman.

»Puh, das ist eine schwere Frage. Ein souveräner jüdischer Staat ist vielleicht das wichtigste Projekt in meinem Leben, und es gibt kein anderes, von dem ich mir so sehr wünsche, dass es zum Erfolg wird. Aber wenn ich mir diesen Staat heute ansehe, kann ich die jüdischen Werte nicht erkennen. Ich bin Zionistin, das ja, aber eine mit gebrochenem Herzen.«

»Würde es Theodor Herzl in Israel gefallen?«

»Nein, er wäre entsetzt.«

»Tatsächlich?«

»An den Dingen, die ihm wichtig waren, sind wir gescheitert. Schau dir die Trennung zwischen Staat und Religion an, dafür hat er sein ganzes Leben lang gekämpft. Wenn er mitbekommen würde, dass unsere Regierung Hunderte Rabbis mit Steuergeld versorgt – er würde platzen vor Wut. Oder die Schilder in unserem Land, auf denen sie Frauen vorschreiben, wie sie sich kleiden sollen ... Herzl wäre schockiert!«

»Ist sein Traum vom Judenstaat gescheitert?«

»Zumindest wenn es um jüdische Werte geht, ja. Was das angeht, ist dieses Land bankrott.«

»Was ist mit den sechs Nobelpreisträgern und den sechstausend Hightech-Unternehmen. Gibt es denn gar nichts, was ihm hier gefallen würde?«

»Ich will das nicht kleinreden, wir haben große Denker unter uns, brillante Techniker und Autoren.«

»Aber?«

»Aber die großartigsten Bücher in diesem Land wurden von säkularen Israelis geschrieben. Von Leuten wie David Grossman, Ari Shavit oder Amos Oz.«

»Und das sind keine Juden?«

»Zumindest nicht, wenn es nach dem Staat geht. In diesem Land gilt nur die Orthodoxie als wahres Judentum. Die Orthodoxen haben ein Monopol gebildet, und Monopole lassen keinen Wettbewerb zu.«

»Wie kommt es, dass in den siebziger Jahren Golda Meir das Land regieren durfte, vierzig Jahre später aber darüber diskutiert wird, welcher Platz einer Frau im Bus zusteht?«

»Wir haben dem Westen einen Bären aufgebunden, deshalb.«

»Was soll das heißen?«

»Wir haben euch drei feministische Motive verkauft, die euch begeistert haben. Es gibt das Bild von Golda Meir als Premierministerin, es gibt das Bild von der zionistischen Pionierin bei der Feldarbeit, und es gibt Bilder wie das von meiner Mutter mit dem Gewehr in der Hand.

Aber nur weil ihr uns das Bild abgekauft habt, heißt das nicht, dass es auch wahr ist.«

»Das Bild von deiner Mutter mit dem Mauser-Gewehr, ist das eine Fälschung?«

»Vielleicht auch das, ja. Ich war nicht dabei, als sie es geschossen haben. Ich habe keine Ahnung, ob sie die Waffe auch wirklich bedienen konnte oder ob mein Großvater ihr das Gewehr nur in die Hand gedrückt hat, um ein gutes Foto zu bekommen. Die Wahrheit ist, dass die meisten Frauen damals ihr Leben nicht mit dem Spaten in der Hand auf dem Feld oder mit der Waffe im Schützengraben verbracht haben. Die meisten von ihnen arbeiteten in der Küche, in der Wäscherei oder im Kindergarten. Heute ist es nicht anders: Während ihres Wehrdienstes bekommen die Mädchen zwar drei Monate Basistraining an einer Uzi, aber sie lernen dort nur, wie sie ihrem künftigen Gemahl nach Feierabend die Waffe abnehmen und dann ordnungsgerecht hinterm Kühlschrank verstauen. In den Kampfgruppen der Armee liegt die Zahl der Frauen bei gerade mal drei Prozent. Glaubst du wirklich, dass das früher anders war?«

»Was ist mit dir, hast du Wehrdienst geleistet?«

»Ich war Gewehrausbilderin.«

»Zumindest du kannst also schießen.«

»Allerdings.«

Hoffman klingt kämpferisch wie Dschingis Khan und kampferprobt wie Ritter Kunibert. Nein, mit dieser Frau sollte Mann es sich wahrlich nicht verderben.

10.
Warum Theodor Herzl gescheitert ist

Geplatzte Träume

Wer geplatzte Träume sucht, findet sie im Rokoko. Es ist kurz nach neun an einem Donnerstagabend. Mit jeder Minute drängen mehr Menschen in die Bar an der Allenby-Straße. Sie trinken deutsches Bier aus Dosen, rauchen Schweizer Zigaretten mit französischem Namen; und sie tanzen zu norwegischer Popmusik mit englischen Texten. Im Rokoko ist man sehr bemüht zu vergessen, dass draußen auf der Straße nicht Europa, sondern der Nahe Osten wartet. Und noch mehr ist man bemüht zu vergessen, dass das Leben, das man führt, wenig mit dem Leben gemeinsam hat, das man eigentlich führen wollte.

Da ist etwa Kellnerin Keren, die hinter dem Tresen steht. Keren ist Anfang dreißig, ein roter Petticoat sitzt auf ihrer Hüfte und eine weiße Stoffschleife in ihren schwarzen Haaren. Als ich Keren vor Jahren zum ersten Mal über den Weg lief, stand sie hinter dem Tresen einer anderen Bar. Sie blies Rauchschwaden in die Luft, spülte Gläser ab und zog Kreditkarten durch die Kasse. Damals studierte sie Modedesign am Shenkar-Institut in Ramat Gan und hatte große Pläne: »Eines Tages werde ich nach Paris ziehen und Kleider für Dior entwerfen«, sagte sie. Doch der Anruf aus Paris blieb aus, und deshalb steht sie noch heute hinter einem Tresen, bläst Rauchschwaden in die Luft, spült Gläser ab und zieht Kreditkarten durch die Kasse.

Auf der anderen Seite des Tresens sitzt Adar, vor ihm liegt ein Zeichenblock. Kantige Gesichter sieht man darin mit krummen Nasen, großen Augen und gigantischen Geschlechtsorganen. Adar wäre gerne nach Japan gezogen, einem Land, dessen Mentalität er schätzt: »Sie stehen mit einem Unschuldsgesicht in der U-Bahn, aber wenn sie hinter sich die Haustür schließen, sind sie das schlüpfrigste Völkchen der Welt!« Doch auch aus diesem Traum wurde nichts: Statt in einen Flieger nach Tokio steigt Adar jeden Morgen in einen Bus nach Bat Jam. Dort gibt er Schülern eines Gymnasiums Zeichenkurse, klaut ihnen ihr Ritalin und zieht es sich abends im Rokoko durch die Nase.

Im Rokoko trinken die Kinder des Bürgertums. Viele von ihnen entstammen dem zionistischen Adel: Ihre Eltern wuchsen in den Kibbuzim und Moschawim des Landes auf, ihre Großeltern waren die Ersten in Zion. Doch obwohl man hier die Söhne israelischer Minister ebenso trifft wie die Töchter israelischer Industrieller, hält sich der Patriotismus der Bargänger in engen Grenzen. Denn im Rokoko ist man links – sehr, sehr links. Als die Hamas im Sommer 2014 Raketen Richtung Tel Aviv schoss, hängte Bar-Besitzer Ran Oren eine palästinensische Flagge über dem Tresen auf und forderte von seinen Gästen Solidarität mit dem »palästinensischen Widerstand« gegen das »faschistische, zionistische Regime«. Bei der Vergabe des Attributs »faschistisch« geht Oren, seit seinem dreiundzwanzigsten Lebensjahr Mitglied der Trotzkistischen Partei Israels, dabei überaus großzügig vor. Keinen einzigen großen israelischen Politiker möchte er vom Vorwurf des Faschismus aussparen.

»Was ist mit Benjamin Netanyahu?«, frage ich ihn.

»Ein Faschist!«

»Avigdor Lieberman?«

»Ein Faschist!«

»Menachem Begin?«

»Ein Faschist!«

»Was ist mit David Ben-Gurion, Mosche Dajan, Golda Meir und Jitzchak Schamir?«

»Faschisten!«

Mein Einwand, dass keiner der Genannten die Demokratie verachtete, sich als »Duce« oder »Führer« ansprechen ließ oder mit chronisch gestrecktem Arm durchs Land stolzierte, lässt Trotzkist Ran Oren kalt. Ich hätte etwas ganz Grundsätzliches nicht über den Zionismus verstanden, belehrt er mich. Wissbegierig, wie ich bin, lasse ich ihn ausholen – und lerne Neues, Unerhörtes über die zionistische Revolution. Der Traum vom Judenstaat habe sich zum Albtraum verkehrt, sagt Oren. Israel sei zu einem »imperialistischen Monster« geworden, das nicht nur die Rechte der Palästinenser mit Füßen trete, sondern auch die jüdischen Bürger »unterjoche«. Der Zionismus sei nur ein Vehikel der Kapitalisten gewesen, um die arglose jüdische Arbeiterklasse zu kontrollieren und ihnen die kalte, herzlose Logik des Kapitalismus aufzuzwingen. Trotzkist Oren hat keine Zweifel: »Machen wir uns nichts vor: Die wahren Machthaber in diesem Land sind die Großkonzerne!« Darüber könnten auch die »sogenannten demokratischen Wahlen« nicht hinwegtäuschen. Nein, sagt Oren, im Staat der Juden regierten weder Präsidenten noch Premierminister, sondern einzig das Kapital: »Israels Demokratie ist eine Farce und Netanyahu nur eine Marionette der Kapitalisten, um die Arbeiterklasse zu versklaven!«

»War Theodor Herzl auch ein Faschist?«, frage ich Oren.

»Den Faschismus gab es damals noch nicht, er war ein Chauvinist«, belehrt er mich.

»Viel besser klingt das nicht ...«

»Herzl war ein Kolonialist! Wie alle Zionisten!«

»Macht dich das als Bewohner des zionistischen Staates nicht auch zum Kolonialisten?«

»Nein, ich bekämpfe den Zionismus!«

»Was genau machst du?«

»Ich bin solidarisch mit der palästinensischen Arbeiterklasse.«

»Wie äußert sich das?«

»Siehst du die Flagge über dem Tresen?«

»Warum ziehst du nicht in die Palästinensergebiete und kämpfst gegen die zionistischen Besatzer?«

»Ich kann nicht, mit meinem israelischen Pass darf ich dort nicht einreisen.«

»Warum wirfst du ihn nicht weg und beantragst einen palästinensischen?«

»Das geht nicht.«

»Warum?«

»Na ja, meine Bar ist hier, ich muss Geld verdienen ...«, sagt Oren. Der Kapitalismus ist perfide, selbst die Trotzkisten hält er mittlerweile im Würgegriff.

Oren bittet mich um Verzeihung, er müsse jetzt hinter der Bar nach dem Rechten schauen. Für einen Moment noch klingen seine Tiraden in meinen Ohren nach, sie lassen mich frösteln. Mit zittriger Hand greife ich zum Gin und nehme einen tiefen Schluck. »Lang möge es leben, das Proletariat!«, flüstere ich.

Erfahrungsgemäß ist die Distanz von jemandem, der in Israel eine Behauptung aufstellt, bis zu jemandem, der das genaue Gegenteil behauptet, äußerst gering. Das ist einerseits der geringen Fläche des Landes geschuldet, andererseits der großen Meinungsfreudigkeit der Israelis. Als ich ein halbes Jahr nach meinem Besuch im Rokoko Atta Yemini frage, wie es um den Zionismus steht, bekomme ich eine gänzlich andere Antwort. Der Zionismus am Ende? Von wegen! »Der Zionismus ist quicklebendig, und Israel wird es so lange geben, bis der Messias zu uns kommt und uns ins Paradies führt!«, sagt er. Und er selbst tut sein Bestes, um den Zionismus am Leben zu halten. »Es gibt ein viertausend Jahre altes Band zwischen dem Volk der Juden und dem Land Israel, und ich werde alles dafür tun, um zu verhindern, dass dieses Band zerschnitten wird.«

Yeminis zionistischer Eifer ist umso erstaunlicher, als sich kein einziger koscherer Verwandter in seiner Familie findet. Yemini ist nicht Jude, sondern einer der hundertdreißigtausend Drusen, die Israel ihre Heimat nennen. Und dass nicht Hebräisch, sondern Arabisch seine Muttersprache ist, hört man jedem seiner Sätze an, die so blumig klingen wie die Märchen aus *Tausendundeiner Nacht*. »Israel ist der helle Stern der Freiheit, der sein Licht auf eine finstere Weltengegend wirft«, sagt, besser: dichtet Yemini. »In Syrien, Libyen und Saudi-Arabien werden Schwule erhängt, Frauen werden gesteinigt und Minderheiten verfolgt. Hier in Israel aber sind wir Menschen frei.«

Yemini lebt in Daliat El-Carmel, einem Dorf in Nordisrael, dreißig Autominuten von Haifa entfernt. Warum

Yemini auf das Paradies noch wartet, ist mir nicht ganz klar, denn eigentlich herrschen hier bereits paradiesische Zustände: Die Kaufleute bieten in kleinen Läden der Kundschaft Oliven, frischen Labaneh-Käse und Pitabrot an, der süße Duft von Baklava hängt in der Luft. Als vor einigen Jahren Wahlkampf war, wurde die Idylle jäh unterbrochen: Abgeordnete der arabischen Parteien kamen in die Stadt und warben um die Wählergunst. Oder, wie es Yemini ausdrückt: »Sie wollten uns Drusen mit ihrer antizionistischen Propaganda vergiften.« Yemini machte sich selbst zum Antidot: Er gründete den »Zionistischen Rat der Drusen von Israel«, fuhr durch die drusischen Ortschaften des Landes und wetterte gegen jeden, der nicht bei drei die *Hatikvah*, die israelische Nationalhymne, summte.

»Wie wird ein Druse zum Zionisten?«, frage ich Yemini.

»Wir Drusen waren schon Alliierte der Juden, noch bevor der Staat gegründet wurde, denn wir hatten mit Hajj Amin al-Husseini einen gemeinsamen Feind. Die palästinensischen Terroristen haben nicht nur die jüdischen Siedlungen angegriffen, sondern auch unsere Dörfer.«

»Denken alle Drusen so wie du?«

»Die Mehrheit schon.«

»Wirklich?«

»Klar, es gibt auch den ein oder anderen, der auf die arabische Gehirnwäsche reingefallen ist.«

»Hast du Angst, dass man deinen Kindern das Hirn waschen könnte?«

»Das wird nicht passieren!«

»Sicher?«

»Ja!«

»Was unternimmst du dagegen?«

»Ich bringe ihnen alles bei, was sie über den Zionismus wissen müssen. Ich erzähle ihnen von dem Band, das uns Drusen mit den Juden verbindet.«

»Es gibt nicht nur ein Band zwischen Juden und dem Land Israel, sondern auch eins zwischen Juden und Drusen?«

»Ja! Wir Drusen glauben an den Propheten Jethro. Kennst du ihn?«

»Nein.«

»Das war der Schwiegervater von Mose. Wir Drusen sind also die Söhne Jethros.«

»Gilt das auch für die Töchter?«

»Auch, ja.«

»Was hältst du von Theodor Herzl?«

»Er war ein vernünftiger Mann.«

»In diesem Land gibt es einige Leute, die ihn nicht leiden können.«

»Er hat sicher auch Fehler gemacht.«

»Welche denn?«

»Na ja, er wollte die Juden anfangs nach Uganda schicken …«

»Das war ein Fehler?«

»Ja, dort gehören sie nicht hin!«

»Liest du deinen Kindern aus seinen Büchern vor?«

»Machen wir. Ich schicke sie jeden Sommer ins zionistische Ferienlager.«

»Was ist das?«

»Na ja, Pfadfinderlager mit Zionismus, dort lernen sie alles über die Juden.«

Die Deutschen schickten die Juden ins Lager zum Sterben, Druse Yemini schickt seine Kinder ins Lager, um sie die Juden lieben zu lehren. Israel ist eine merkwürdige Nation bisweilen – und ich habe keine Zweifel daran, dass von allen Zionisten, die ich jemals traf, Yemini der leidenschaftlichste ist.

Kapitulation

Ich gebe zu: Ich bin gescheitert. Ich habe versucht, hinter israelische Wände zu blicken und die Israelis zu verstehen. Doch je länger ich mit ihnen sprach, umso mehr neue Fragen quälten mich.

Warum etwa verfluchen die jüdischen Kids im Rokoko die zionistische Revolution, während arabische Muttersprachler, Drusen wie Yemini, laute Lobeshymnen auf Herzl singen?

Ich weiß es nicht.

Und warum spricht Rabbi Hirsch vom Zionismus als dem größten »Verbrechen der Menschheitsgeschichte«, wenn sich Herzls Bücher doch wie ein Lobgesang auf den Humanismus lesen?

Ich weiß es nicht.

Und weshalb zieht Siedler Dayan ein Leben auf dem Land vor, wenn sich sein Bauch doch nach den Restaurants der Großstadt sehnt?

Ani lo judea – ich weiß es nicht.

Stiege Theodor Herzl heute aus seinem Grab am Herzl-Berg, würde es ihm vermutlich ergehen, wie es mir bisweilen ergangen ist: Er würde an den Widersprüchen und Widrigkeiten des Landes verzweifeln. Auf israelischen Straßen findet man keine Spur der preußischen Ordnungsliebe und des Wiener Pomps, für die Herzl so sehr schwärmte. Und weit und breit ist nichts zu sehen von den noblen, immerzu rechtschaffenen Staatsbürgern, die Herzl in seinen Büchern mit knitterfreien Anzügen durch pittoreske Städte spazieren ließ. Stattdessen fände der Österreicher ein Land vor, das vollgepackt ist mit acht Millionen wandelnden Ausrufezeichen. Ein Land von acht Millionen selbst ernannten Propheten, die miteinander streiten und selbst noch an den Staatsfeiertagen im abgewetzten Jogginganzug vor die Haustür treten. Israel ist bisweilen hässlich, Israel ist schmutzig, Israel ist verschwitzt. Die Menschen dort lügen, sie stehlen, machen Fehler – manchmal sogar sehr große.

Ist die zionistische Revolution also an den Zionisten gescheitert? Das nicht. Denn würde Herzl nicht auf dem Absatz kehrtmachen und sich stattdessen länger im Land umsehen, könnte er Dinge entdecken, die ihm fraglos gefielen. Seine Augen würden leuchten, sähe er Dan Shechtmans Quasikristalle unter dem Mikroskop. Und vielleicht würde er sogar seine Aversion gegen die Finanzwirtschaft überdenken, könnte er sehen, mit welcher Effizienz an Ester Levanons vollautomatisierte Börse Aktien und Derivate gehandelt werden. Man kann den Israelis viele Versäumnisse vorwerfen, Herzls Liebe aber für den technischen Fortschritt und die Wissenschaften haben sie sich zu Herzen genommen. Wenn es nicht gerade um den Friedensprozess mit den arabischen Cousins und Cousinen geht, haben Israelis an einem Tag bisweilen mehr Ideen und Geistesblitze als Daniel Düsentrieb in einem ganzen Jahr. Aus Herzls großen Träumen ist ein kleiner Staat geworden, in dem es laut und lebendig zugeht, in dem der Putz von den Wänden bröckelt und in dem auch knapp siebzig Jahre nach der Staatsgründung die Identitätssuche anhält. »Es liegt in der Natur von Träumen, dass sie niemals gänzlich wahr werden«, hatte mir Amos Oz gesagt. Aber, ach, es hätte weitaus schlimmer kommen können.

Wenn Herzl aber nicht an den Zionisten – nicht am anarchistischen Schriftsteller Oz, nicht am zionistischen Pornostar Agassi und auch nicht am koscheren Muslim Kashua – gescheitert ist, an wem dann? Die Synapsen knacksen. Ich habe einen Verdacht: Vielleicht scheiterte er an den gleichen Leuten, die ihn erst dazu gebracht hatten, den Auszug ins Gelobte Land in Angriff zu nehmen.

Vorläufig gescheitert

Alles ist so neu und aufregend, dachte ich, als meine Füße zum ersten Mal israelischen Boden betraten. Ich sah Anarchisten über rote Ampeln laufen, sah Aktivisten verbissen über den Preis von Hüttenkäse streiten; und ich sah Gläubige mit ihrem Gott hadern. Jeder Antisemit, so glaubte ich damals noch, wäre nach seinem ersten Besuch im Heiligen Land ein für alle Mal kuriert. Denn eine Nation, in der die Straßenverkehrsordnung belächelt und selbst der Schöpfer mit Widerworten bedacht wird, mag zu vielem imstande sein, nicht aber dazu, gemeinsam finstere Verschwörungen auszuhecken. Eine Dekade ist seit meinem ersten Besuch in Israel vergangen, und der Reiz des Neuen ist mittlerweile verflogen. Ich habe in israelischen Städten gelebt, habe israelische Mädchen geliebt und unter den israelischen Widersprüchen gelitten. Ich bin mir mittlerweile sicher, dass es mehr als einen Urlaub im Heiligen Land braucht, um einen Antisemiten vom Judenhass zu heilen.

Denn wenn die vergangenen zwei Jahrtausende etwas bewiesen haben, dann war es die Erkenntnis, dass der Antisemitismus mit unseren Gesellschaften verwachsen ist wie die Flechte mit dem Pilz. Könige und Kaiser kamen und gingen, der Antisemitismus aber blieb. Und selbst wenn der Groll auf die Juden an einem Ort verschwand, tauchte er schon bald an anderer Stelle mit neuem Gesicht wieder auf: Jesus sollen sie ermordet, Brunnen vergiftet und ihre Matzenbrote mit Christenblut gebacken haben. Man hat ihnen den Sozialismus in die Schuhe geschoben, genauso wie man sie für den Kapitalismus verantwortlich gemacht hat – mit dem Antisemitismus ist es wie mit einer Wagner-Oper: Die Melodien variieren, das Leitmotiv aber bleibt das gleiche. Daran änderte weder der Holocaust etwas noch die Gründung des Staates Israel. »Mort aux juifs! Mort aux juifs!«, rief der Mob in den Straßen von Paris, als Herzl gerade am Manuskript zum *Judenstaat* arbeitete. »Hamas, Hamas, Juden ins Gas!«, riefen Menschen auf deutschen Straßen, als ich am Manuskript des vorliegenden Buches schrieb. In Israel werden sie bald das siebzigste Jubiläum der Staatsgründung feiern – in ihren Festreden werden Politiker und Staatsmänner dann wohl auch wieder Herzl zitieren. »Wenn ihr wollt, ist es kein Märchen«, hatte der Österreicher den Zionisten auf ihren Weg mitgegeben. Herzl mag damit ein hübscher Satz gelungen sein, er krankte aber an der gleichen Schwäche wie der Satz von Apostel Johannes über das Wort und den Weltbeginn: Mit der Realität hat er nichts zu tun. Der Staat Israel existiert zwar, Herzls Versprechen aber, dass mit dem Judenstaat auch der Judenhass Geschichte sein würde, hat sich als Märchen erwiesen. Herzl ist nicht an den Zionisten gescheitert, er scheiterte an den Antisemiten.

Der Autor vor einer roten Ampel an der Herzl-Straße in Tel Aviv. Nicht im Bild: Theodor Herzl, der angesichts der eigenwilligen israelischen Orthographie protestiert hätte (Foto: Yanai Yechiel).

Ich danke Beate Kammer, Karin Darsa, Vered Alon, Jonathan Galetkin, Dana Heide, Yael Hartmann, Tania Ben Artzi, Lital Lev Cohen, Veronica Rivkina, Michal Grossberg, Judith Sevinc Basad, Misha Galperina, Rebekka Göpfert, Stefan Mayr, Christian Böhme, Tuvia Tenenbom und meinen Eltern.